Dietrich Höllhuber
Wolfgang Kaul

Sonnenwege
für die kühlen Jahreszeiten

Titelbild:
Pfirsichblüte bei Auer, April (oben links)
Blick von Pai am Ostufer des Gardasees zum Monte Castello
Februar (oben rechts)
Blick von Albisano zum Monte Pizzòcolo am Westufer
des Gardasees, Januar (unten links)
Castel Noarna im Etschtal westlich Rovereto
Januar (unten rechts)

Die Aufnahmen auf
Seite 66, 76 und 106 stammen von Werner Neupert, Eilenburg,
jene auf Seite 129 und 133
von Armin Speiser, Augsburg und Garda.
Alle anderen Aufnahmen und die Kartenskizzen
stammen von den Verfassern

1994

Gesamtherstellung: Athesiadruck, Bozen
ISBN 88-7014-784-3

Dietrich Höllhuber
Wolfgang Kaul

Sonnenwege für die kühlen Jahreszeiten

Wanderungen zwischen Meran und Gardasee

VERLAGSANSTALT ATHESIA · BOZEN

Inhaltsverzeichnis

Wandern in den kühlen Jahreszeiten zwischen Meran und dem Gardasee oder: Wie man dem Winter ein Schnippchen schlägt

Mancher begeisterte Wanderer hat sich schon an einem herrlichen Spätherbsttag seufzend vom Wanderjahr verabschiedet, den Frühsommer und den Beginn der nächsten Wandersaison schon wieder herbeisehnend. Dabei gibt es überhaupt keinen Grund, warum man die Wandersaison nicht verlängern sollte, ja über das ganze Jahr laufen lassen sollte. Schließlich sind die warmen, schneefreien Sonnenhänge zwischen Meran und dem Gardasee nur einen Katzensprung entfernt. Von Bozen und Innsbruck lohnt sich so eine Spritztour in die Wärme für einen Tag, von Wien oder München muß man schon ein Wochenende dranhängen, aber was für ein wunderschönes! Da wachsen an den Ufern des Gardasees die immergrünen Steineichen und Lorbeerbäume, Zypressen und Ölbäume im Januar in grünen Wiesen, in Limone werden zur selben Zeit die roten Pomeranzen reif, an Zitrusbäumen, die ohne jeden Schutz dastehen, da blühen Traubenhyazinthen und Anemonen im Februar, Orchideen im März und reifen die großen runden Kakifrüchte im Dezember.

Wer im Winter die wärmsten Hänge im Etschtal, am Gardasee, in der Valpolicella aufsucht, Südhänge natürlich, die im Sommer viel zu heiß wären, als daß man sie für eine Wanderung betreten würde, der holt sich außer der Saison mildes Licht und ebenso milde Wärme, Wanderfreuden, die noch einmal so froh machen als im Sommer, weil man sie fast gegen die Wahrscheinlichkeit geschenkt bekommt. So ein Januartag unter strahlend blauem Himmel, bei Temperaturen um die 10 bis 12 Grad, zwischen Steineichen und Lorbeerbäumen, immer mit Blick auf die hohen Berge am Gardasee oder im unteren Lagertal mit ihren leuchtenden Schneekappen, ist einfach unvergeßlich. Das Wandern ist besonders angenehm zu dieser Zeit, es wird nicht so unerträglich warm wie manchmal im Sommer, der Blick ist meistens um Klassen besser, weil die Diesigkeit von Sommer und Frühherbst fehlt; wo laubabwerfende Vegetation vorherrscht, sieht man mehr als während der Wachstumsperiode, weil kein Laub den Blick verstellt. Und – man ist allein, keine anderen Wanderer machen Trubel und Lärm, ausnahmsweise an Sonntagen trifft man Gleichdenkende, Italiener wie Deutsche, Trentiner, Veroneser, Südtiroler, Bayern oder auch einmal Schweizer, die im eigenen Land ähnliche Wintergenüsse haben, aber eben nicht ganz so intensive, denn Lago Maggiore und Luganer See sind nicht ganz so warm wie der Gardasee und seine Umgebung, und

im Etschtal geht die Wärme Insubriens, wie die südalpinen Seen heißen, besonders weit hinauf, bis nach Meran eben.
Schneefreiheit ist für Wanderungen während der kühleren Jahreszeit nicht die einzige Voraussetzung. Auch große Teile der Poebene sind im Winter schneefrei und mild, die Temperaturen sinken selten einmal unter null Grad. Und doch möchte man dort kaum eine Wanderung machen: Der Nebel deckt im Winter die Poebene mit seinem grauen Steppbett zu und drückt die Feuchtigkeit in alle Ritzen. In Verona, Mantua, Vicenza und anderswo steigt die Nässe aus dem Keller in die oberen Stockwerke, und wer noch nicht Rheuma hatte, bekommt es dort bestimmt. Anders eben am Südfuß der Alpen, in den nach Süden hinauslaufenden Alpentälern und besonders im Bereich der nach Süden sich öffnenden großen Seen, wie dem Gardasee. Dort gibt es keinen Nebel oder nur selten, dort scheint die Sonne, während in der Poebene das Grau dominiert, dort wird es warm und freundlich. Wenn es doch einmal geschneit hat, dann schmilzt die Sonne auf den südgeneigten Hängen das bißchen Schneedecke rasch wieder weg.
Wichtig für Wanderungen in der kühlen Jahreszeit sind mithin die Südlage des Wanderweges, am besten auf einem stark geneigten Südhang, dazu die Seehöhe, denn je höher ein Ort über dem Meeresspiegel liegt, desto niedriger ist die dortige Durchschnittstemperatur, die Lage zu einem See, denn das Wasser des Sees bildet einen Wärmespeicher, und dazu noch eine ganze Menge anderer Faktoren, wie der Untergrund und der lokale Vegetationstyp.
An den Südhängen blühen aber auch die ersten Blumen des Jahres. Zwei Blumen finden wir jeden Winter bereits im Januar, beide an steilen, sonnenexponierten Stellen im Südosten des Gardasees. Die eine ist die zwar unscheinbare, aber zu dieser Jahreszeit auffallende und mit ihren kleinen weißen Blüten plötzlich gar nicht mehr so leicht zu übersehende Turm-Gänsekresse (Arabis turrita). Sie wächst auf den Felsen an der Punta San Vigilio, dem Wärmepol hier am südöstlichen See. Die andere ist der Zweiblütige Krokus (Crocus biflorus) mit seinen zarten, blau-weißen Blüten und den feinen dunkelvioletten Strichen darauf, den wir bei Braga in ziemlicher Höhe am Hang des Monte Baldo finden. Er ist selten, deshalb nennen wir seinen exakten Standort nicht. Früher hatten wir einen Standort bei uns im Garten auf einem besonders trockenen Hang, die Überdüngung der Landschaft rund um den Gardasee hat diesen Standort leider zerstört.
Die frühen Blüten verlängern die Freude an der belebten Natur, jenes elementare Erlebnis jeden Jahres. Hier hat man es früher, oft sehr viel früher als in Gebieten mit längerer Schneelage, wo doch erst meistens im April die Vegetationsperiode beginnt. Wer in die Steineichen- und Ölbaumzone am Gardasee und im untersten Etschtal kommt oder in den Ölbaumbereich der unteren Valpolicel-

Wolkenstimmung im späten Oktober. Aufnahme von der Malga Zovèl westlich des Monte Baldo, jenseits des Gardasees Monte Pizzòcolo und Monte Spino, der dunkle Berg rechts der Bildmitte ist der Monte Denervo (Touren 34 und 36).

la, der erlebt den Frühling zweimal, zunächst auf Wanderungen am Sonnenfuß der Alpen, dann noch einmal zu Hause.
Nicht nur Genüsse erwarten den Wanderer, der zwischen November und April die warmen Wanderwege am Südfuß der Alpen aufsucht. Im tieferen Bereich kann es manchmal Probleme mit Nebel geben. In den letzten Jahren hat sich der Nebel aus der Poebene ein paarmal auf den Südteil des Gardasees hinausgeschoben, das hatte es früher nie gegeben. Bis etwa 200 m über dem See hebt sich der Nebel manchmal. Auch in das untere Etschtal dringt der Nebel ein, bis Ala kann er sich ausbreiten, manchmal sogar fast bis Rovereto. Auch das obere Etschtal ist nicht immer nebelfrei, aber hier ist es doch selten, daß es einmal wirklich grau wird. Ein anderes Problem ist mit möglicher Vereisung verbunden. Auf manchen Wegen befindet man sich größtenteils auf warmen Sonnenhängen, muß aber an einigen Stellen Täler queren, die nicht direkt von der Sonne beschienen werden. Dort bleibt natürlich der seltene Schnee liegen oder schmilzt und gefriert, wenn die Witterung ein

wenig kühler wird. Wo solche Probleme auftauchen, haben wir sie in den Tourenbeschreibungen erwähnt. Plötzliche Kälteeinbrüche sind höchst selten, die Kälte kündigt sich an, man hat Zeit, sich darauf einzustellen. Dennoch muß man damit rechnen, daß es vormittags wunderbar warm ist, nachmittags aber, die Wolken haben den Sonnenschein verdeckt, recht kühl, wenn nicht kalt. Jeder Wanderer, der sich zwischen November und April in den Südalpen bewegt, muß der Auskühlungsgefahr Rechnung tragen.
Speziell am Gardasee hat man zwischen dem September und dem März unter sich eine Wasserfläche, die oft wärmer ist als die umgebende Luft. Im November ist die Differenz am größten. Dann hat das Wasser im Schnitt 13,5 Grad, die Luft aber nur 4,8 Grad! Auch im kältesten Winter fällt die Wassertemperatur nicht unter 8 Grad. Von April bis August ist dann die Luft wärmer als das Wasser. Im April hat sich das Wasser auf etwas über 10 Grad erwärmt, die Luft aber schon auf im Durchschnitt 12,7 Grad. Wer also in der kühlen Jahreszeit in Wassernähe wandert, kann mit besonders milden Temperaturen rechnen. Unsere Wanderungen im Gebiet 5, 6 und 7 gehören alle zu diesem Typ.
Wir haben die Wandervorschläge in acht Regionen unterteilt, deren Bedingungen sich zum Teil recht erheblich unterscheiden.
Im Gebiet 1 (Wanderungen am Sonnenhang des Etschtales zwischen Meran und Bozen) finden sich Wege durch die steilen Flaumeichenbuschwälder und Kiefernstandorte der trockenen Porphyrberge über dem Etschtal zwischen Meran und Bozen. Diese Touren gehen zum Teil recht hoch hinauf und eignen sich für den Winter besonders, weil sie trocken sind, Schnee ist hier allein schon unbekannt, weil es kaum Niederschläge gibt. Das Etschtal zwischen dem oberen Vinschgau und Bozen ist ja ein echtes inneralpines Trockental.
Im Gebiet 2 (Überetsch und Unterland) herrschen ähnliche Bedingungen, aber die Wege führen nicht so hoch hinauf, die Vegetation ist – auch in den kühleren Jahreszeiten – reichhaltiger, weil es etwas mehr Niederschläge gibt, und die Wege sind – mit einer Ausnahme – nicht so steil.
Im Gebiet 3 (die Rotaliano-Ebene und das Etschtal zwischen der Salurner Klause und Rovereto) sind es die enorm steilen Felswände, die das Etschtal dort auf beiden Seiten begleiten, die vor allem für Winterwanderungen von Interesse sind, wobei die genau nach Süden gerichteten Felsvorsprünge aus guten Gründen die wärmsten Standorte und die angenehmsten Winteraufstiege bilden. Weh dem, der diese Wege im Sommer geht!
Das Gebiet 4 (das Etschtal zwischen Rovereto und der Veroneser Klause) hat ähnliche, wenn auch nicht ganz so steile Wege, aber die Vegetation zeigt hier schon deutlicher mediterrane Einflüsse. Ganz am Ausgang des Etschtales haben wir eine Tour ausgewählt,

Frühwinter am Gardasee: Die große Wasserfläche speichert die Wärme.

Hochwinter. Aufnahme von Pai über den See zum Monte Pizzòcolo, einmal mit Schneemütze.

die in ihrem Beginn sogar im Steineichenklima liegt, das als »quasimediterran« bezeichnet wird (Tour 24).
Im Gebiet 5 (Alto Garda: die Berge um Riva, Arco, Tòrbole und das Val di Gresta) wagen wir uns (in Tour 27) verhältnismäßig hoch hinauf: Hier, wie im Gebiet 6 und 7, wirkt sich der Gardasee auf das Klima aus, es ist mild, im tiefsten Bereich bis etwa 200 m über dem See gedeiht die Steineiche als Charakterpflanze, den Ölbaum findet man noch einmal zweihundert Meter darüber, und die höchstgelegene Steineiche des Gebietes und des ganzen Raumes kommt hier vor – auf über 1100 m!
Das Gebiet 6 (das Westufer des Gardasees zwischen Gardone und Limone) ist besonders mild und nicht so trocken, hier gibt es einige fast reine Felstouren (alle ganz einfach zu gehen) durch die steilen Abstürze des Seeufers unter Tignale und Tremòsine. Die etwas höhere Feuchtigkeit wirkt sich auf die Vegetation aus: Eine Lorbeerbaumtour deutet darauf hin (Tour 35).
Im Gebiet 7 (das Ostufer des Gardasees und das Becken von Caprino) findet sich die wohl mediterranste Tour dieses Buches, sie führt durch die unberührten, wilden Steineichenwälder zwischen Tòrbole und Navene (Tour 40). Die Ostufertouren sind alle im von Menschen gestalteten Gebiet, nur diese nicht. Die anderen Touren führen zu Mähwiesen und halbverlassenen Dörfern, alten Brunnen und ebenso alten Kapellen, nur in den kurzen Schluchtquerungen wird man die Wärme der Sonne vermissen. Während man bei den Westufertouren nicht zu spät weggehen sollte, weil die Sonne vielleicht schon am frühen Nachmittag veschwindet, ist es am Ostufer genau umgekehrt: Erst im Laufe des Vormittags wagt sich die Sonne über den Horizont, bei manchen Touren erst zu Mittag, so gerade bei der Tour durch das Steineichengebiet. Der östlich steil aufsteigende Monte Baldo ist im Winter so lange Schattenwerfer.
Die Touren im Gebiet 8 führen am Südfuß der Lessinischen Berge durch die wärmsten Ölbaum-, Wein- und Kirschenzonen von Valpolicella und Valpantena. Hier kann der Nebel an manchen Tagen ganz schön hoch hinaufgehen (worauf wir unter anderem in Tour 55 hinweisen, die besonders gefährdet ist), dafür wird es aber auch oberhalb des Nebels besonders warm: Wir befinden uns hier im südlichsten Bereich der in unserem Buch beschriebenen Gegenden. Diese Wanderungen sind alle leicht zu gehen, führen durch Hügelland und nur selten einmal wirklich steil hinauf oder hinunter, sie sind besonders gemütliche, besonders befriedigende Wochenendausflüge.
Ein Problem sind die Markierungen der Wanderwege. Nur ein Teil der Wandervorschläge unseres Buches ist wirklich ausreichend markiert. Dazu gehören die Südtiroler Wege, einige Trentiner Wege (etwa der Monte Lavisio oberhalb Trient, Tour 16), einige Wanderungen am West- und Ostufer des Gardasees. Die anderen sind

Der Nebel dringt aus der Poebene bisweilen in den Gardaseeraum und das untere Lagertal vor (Rocca di Garda, Februar).

Noch ein Hochwinterbild des Monte Pizzòcolo. Diese klaren, milden Tage mit ausgezeichneter Sicht sind im Hochwinter nicht selten.

1. Januar 1993: Villa Pellegrini in Castion, vgl. Tour 45

mäßig oder gar nicht markiert, wir haben in unseren Beschreibungen darauf Rücksicht genommen, sind detaillierter, wenn die Markierung schlecht ist oder fehlt. Besonders ärgerlich erscheint uns die Manie mancher Gemeinden, Markierungen alpiner Vereine durch eigene Markierungen zu ersetzen. Die Nummern und Farbtupfer, Schilder und Pfeile, die man dann findet, kann nur entziffern, wer sich vorher beim Verkehrsverein ein entsprechendes Übersichtsblatt besorgt hat. Wenn er Glück hat, kann er es tatsächlich in der Natur einsetzen, häufig aber hat die Arbeit des Zeichners deutliche Grenzen, und der Wanderer steht ziemlich hilflos vor einer Wegkreuzung, trotz Zeichen, Schild, Farbtupfern, Pfeil und Übersichtsblättchen (so in Tignale).
Eine gute Wanderkarte leistet gute Dienste. Leider sind alle zur Verfügung stehenden Karten nur teilweise geeignet. Die Kompass-Karte ist nur scheinbar detailliert; da sie markierte und unmarkierte Wege in einen Topf haut, weiß man nie, ob man nun eine Markierung erwarten kann oder nicht. Dazu kommt, daß sie häufig wenig verläßlich ist: Wege, die man auf der Karte findet, sind abgekommen, umgelegt, durch Straßen ersetzt (letzteres besonders häufig). Die offizielle Italienische Karte 1:50 000 und auch die italienische

30. Dezember 1991: Purano (Valpolicella)

25 000er sind zwar sehr detailgenaue Karten (Kompass begnügt sich mit einem nur angedeuteten Relief), dafür sind sie nicht auf den neuesten Stand gebracht, manchmal Jahrzehnte alt und damit für die Wegsituation nicht zu gebrauchen. Außerdem sind sie sündteuer. Dennoch ist man manchmal auf diese Karten angewiesen. Beide mitzuführen, offizielle Karte und Kompass-Karte, kann in einer Problemsituation, gemeinsam mit dem ebenfalls mitgeführten Kompaß, Unannehmlichkeiten verhindern. In einigen Gebieten existieren weitere Karten, in Südtirol etwa die oft nicht sehr verläßliche 25 000er von der Firma Tabacco in Udine, um Trient die ausgezeichnete und absolut verläßliche Karte von L. A. C. Firenze, am Gardasee einige von dortigen Institutionen, Alpenverein oder Alpiniverein (Limone!), herausgegebene Karten – bis auf wenige Ausnahmen sind sie problematisch.

Die praktischen Hinweise zu den Touren sollen einen raschen Überblick ermöglichen. Wir haben für jede einzelne Tour neun Kategorien von Hinweisen gegeben.

Schwierigkeit [S]

Es werden vier Schwierigkeitskategorien unterschieden. *Spaziergang/leichte Wanderung* [1] charakterisiert eine Wegführung, die weder besonders steil, noch ausgesetzt oder anstrengend ist, die jeder begehen kann, der Spaß hat am Wandern, auch Kinder mithin. Man vergesse aber nicht, daß auch der angenehmste und leichteste Spaziergang im Hochwinter zur Tortur wird, wenn man sich nicht an den täglichen Temperaturrhythmus hält: Um drei Uhr kann es bereits wieder saukalt sein! Eine *unschwierige Bergwanderung* [2] stellt etwas höhere Anforderungen. Bei diesen Touren kann schon einmal eine recht steile Stelle dabeisein, ein etwas ausgesetztes Wegstück, eine Bachquerung, wo es schon mal eisig werden kann. Je höher der Standort, desto größer die Anforderungen. Man kann generell sagen: Eine Wanderung am Seeufer ist aus Gründen geringerer äußerer Gefahren und geringerer Vereisungswahrscheinlichkeit fast immer leichter als eine vergleichbare Wanderung höher oben am Hang! Eine *anspruchsvolle Bergwanderung* [3] kann sehr steile und ausgesetzte Teilstücke umfassen, Wegstücke mit Lockermaterial oder möglicherweise vereiste Passagen. Bei diesem Tourentyp ist es essentiell, daß man die geeignete Ausrüstung mitführt, ein kurzer Pickel sollte dazugehören, ein Biwaksack für längere Touren, selbstverständlich Verpflegung und Wasser für einen Notaufenthalt. Wir haben die Schwelle zur »anspruchsvollen Wanderung« eher tief angesetzt, es schien uns gerade hier am besten, sicherzugehen. Die *Bergwanderung mit gesichertem Teilstück* [4] umfaßt alle Wanderungen, ganz egal wie schwer sie sind, auf denen sich ein Teilstück mit Absicherungen

Januar 1989: Valle dei Molini (Costermano), vgl. Tour 45

Januar 1990: Alm Colonei di Caprino am Osthang des Monte Baldo, Blick über das Etschtal hinweg in die Lessinischen Berge, im Hintergrund die Caregagruppe, vgl. Tour 46

befindet, handele es sich dabei um einen gesicherten Klettersteig, wie in Tour 29, oder um eine gesicherte, leicht zu gehende Weganlage durch eine Steilwand (Tour 37).

Zeitaufwand Z

Wir haben Halbtages- Ht und Tagestouren T unterschieden. Mehrtägige Touren sind in der kühleren Jahreszeit praktisch unmöglich, da es keine Nächtigungsmöglichkeiten gibt. Halbtagestouren haben wir ausgewiesen, wenn der reine Gehaufwand bis etwa dreieinhalb Stunden ging, Tagestouren, wenn er darüber lag (bis acht Stunden). In den Wegbeschreibungen ist der Zeitaufwand noch weiter aufgeschlüsselt. Nach jeder beschriebenen Wegetappe findet man die Höhenquote, auf der man sich gerade befindet, die Zeit, die man vom letzten angegebenen Punkt hierher benötigt, und die Gesamtzeit, die man vom Beginn her aufwenden mußte. (325 m, 1.00 h/2.30 h) bedeutet also, daß man sich auf 325 m Höhe befindet, vom letzten genannten Punkt eine Stunde zu Fuß unterwegs war, insgesamt bereits etwa zweieinhalb Stunden zu gehen hatte. Die Höhenangaben sind aus der Italienischen Karte 1:50 000 entnommen; wo sich keine ausgedruckten Werte befanden, haben wir interpoliert und diese Werte mit einem »ca.« versehen.

Januar 1992: Fumane (Valpolicella), vgl. Tour 51

6. Januar 1993: Malga Zocchi am Monte Baldo: der Blick geht über den unteren Gardasee zum Monte Pizzòcolo und zu den Brescianer Voralpen, vgl. Tour 46.

Höhendifferenz H

Die Angaben dieser Spalte geben absolute und relative Höhen an. Die beiden ersten Zahlen nennen die kumulativen Höhen, die man im Aufstieg und im Abstieg zu bewältigen hat, die beiden folgenden Zahlen nennen den niedrigsten und höchsten Punkt auf dieser Route. 350 m/200 m; 234 m/512 m bedeutet also, daß man auf dieser Tour insgesamt 350 m im Aufstieg und 200 Höhenmeter im Abstieg zu gehen hat, daß man auf dem tiefsten Punkt der Tour auf 234 m über dem Meer steht, auf dem höchsten Punkt auf 512 m.

Vegetationszone V

In dieser Spalte nennen wir die Vegetationszonen, in denen sich die Route bewegt. Die Spalte soll eine Vorstellung davon ermöglichen, in welchen Temperaturzonen man sich bewegt, sind die Pflanzengesellschaften doch Indikatoren des Klimas. Natürlich kann es im Ölbaumhain schneien und in der Lärchenzone herrlich warm sein, aber das Gegenteil ist eben doch wesentlich häufiger. Die Begriffe dieser Spalte haben wir im folgenden kurzen Kapitel über die Vegetation erläutert.

Begehbarkeit im Winter [B]

Diese Spalte gibt tourenspezifische Angaben darüber, womit man bei einer Begehung in den kühleren Jahreszeiten zu rechnen hat. Hier wird auf mögliche Vereisungsstellen, kalte und schattige Wegstücke und auf besonders warme, der Sonne zugewandte Zonen des Weges hingewiesen.

Ausgangspunkt/Endpunkt [A/E]

Diese eine oder zwei Spalten (je nachdem ob Ausgangs- und Endpunkt identisch sind oder nicht) geben kurze Angaben über Standort und Erreichbarkeit. Für Autofahrer ergibt sich ja kaum jemals eine Schwierigkeit (alle Standorte sind sogar auf den gängigen Autokarten 1:200 000 zu finden), problematischer wird die Erreichbarkeit für Nutzer öffentlicher Verkehrsmittel. Besonders an Sonntagen ist es um manche Verbindungen sehr schlecht bestellt. Vergessen Sie nicht, daß Sie zwar im Trentino und in Südtirol Ihre Fahrkarte beim Busfahrer kaufen können, es sei denn, Sie reisten von einem Busbahnhof ab (Bozen, Trient, Rovereto), nicht aber im Veronese und im Bresciano! Dort muß man sich vor Beginn der Fahrt mit einer Fahrkarte versehen. Wo sie zu kaufen ist, gibt eine Zeile auf dem Halteschild an. Am besten kauft man sich gleich von jeder Entfernungskategorie ein Ticket, dann hat man im Bedarfsfall immer eines zur Hand. Einige unserer Verbindungen (z. B. Touren ab Rovereto!) verlaufen mit städtischen Bussen, diese Karten muß man immer im voraus kaufen (auch in Bozen, Trient, Verona).

Wasser/Verpflegung [W]

Außerhalb des Sommers hat man es oft sehr schwer mit der Verpflegung. Die Rifugi sind sowieso geschlossen, aber auch mit Bars und Trattorien schaut es schlechter aus. In dieser Spalte finden Sie Angaben darüber, ob und wie Sie sich versorgen können. Ein Notproviant und die Flasche mit Getränk sind auf jeden Fall eine sinnvolle Sache. Ein Problem sind die Öffnungszeiten. Manche Bars haben zwar offiziell ganztägig geöffnet, aber zu manchen Zeiten trifft man niemand an. Oder die Trattoria, die Sie hier angegeben finden, hat überraschend für einen Monat zugemacht. Oder man hat einen zweiten Ruhetag pro Woche eingelegt. Hier herrscht das Prinzip für den Wanderer, soviel wie möglich autark zu sein, damit sich die negativen Überraschungen im Rahmen halten!

Februar 1990: Blick von Malcèsine zum Monte Castello über Tignale, vgl. Touren 37 und 38

Landkarten

In dieser Spalte geben wir die in Frage kommenden Karten für diese Tour an. Leider können wir selten einmal eine einzige Karte empfehlen, wo das aber der Fall ist, haben wir es getan.

Nun noch ein paar weitere wichtige Hinweise für Ihre Wanderung. Die Nächtigung in der Wanderregion ist meistens sinnvoll, aber zwischen November und der Karwoche oftmals nicht ganz leicht zu bewerkstelligen, weil alle Hotels und Gasthäuser geschlossen haben. Auskünfte geben wahrscheinlich die Fremdenverkehrsämter der vier Provinzen, in denen sich unsere Wanderungen befinden:

Südtirol:	Landesverkehrsamt, Bozen, Pfarrplatz Tel. 0471/99 38 08
Trentino:	APT Trentino, Trento, Via Sighele 3 Tel. 0461/0 98 61 92
Veronese:	APT Verona, Verona, Via Valverde 34 Tel. 045/3 00 86
Bresciano:	APT Brescia, Brescia, Corso Zanardelli 34 Tel. 030/4 34 18

In Deutschland hilft ENIT, das Staatliche Italienische Fremdenverkehrsamt in München, Goethestraße 20, Tel. 530669. In München gibt es auch eine spezielle Fremdenverkehrsinformation für das Trentino. Die ärztliche Versorgung für Deutsche und Österreicher mit Auslandskrankenschein ist in Italien derzeit (noch) kostenlos. Den Notdienst erreicht man über die Nummer 113. Die Schutzhütten und damit die Bergrettungsposten sind außerhalb des Sommerhalbjahres nicht besetzt, man wende sich also an den nächsten Carabinieriposten um Hilfe. Außer der Fähre Torri–Maderno fährt im Winterhalbjahr auf dem Gardasee kein Schiff.

Die Vegetationsstufen als Klimaanzeiger

Eigentlich geht es uns in diesem kleinen Kapitel ja ums Klima. Für Wanderungen in der kühlen Jahreszeit ist es schließlich wichtig, zu wissen, wo es überdurchschnittlich warm werden kann, wo sich Eis bildet, wo der Schnee besonders schnell wegschmilzt. Aber so direkt kann man das einem Hang oder einem Tal eben nicht ablesen, man muß sich an Indikatoren halten. Die Pflanzen, die sich auf einem bestimmten Stück Natur halten können, sind die besten Indikatoren. Trockenheit und Feuchtigkeit, durchschnittliche Temperaturen und Extremtemperaturen, winterliche Wärme oder Kälte, Dauer und Stärke der Schneelage, das läßt sich alles an den Pflanzen ablesen, die einen Standort besiedeln.
Die Höhenlage bestimmt die Anzahl der Frosttage und Schneefalltage. Am Gardasee gibt es pro Jahr nur zwei oder drei Schneefalltage, in tausend Meter Höhe sind es aber schon im Schnitt um die fünfzig Tage, an denen es schneit! Geht man auf 2000 m Höhe hinauf, muß man mit durchschnittlich 120 Schneefalltagen rechnen. In 300 m Seehöhe gibt es pro Jahr etwa 50 Frosttage, in 1000 m Höhe schon um die 120, in 2000 m Höhe um die 220, das heißt, daß es auch im Frühjahr und Herbst immer wieder Frost gibt, zumeist in der Nacht. Die Pflanzen müssen sich darauf einstellen. An einem südgerichteten Hang kommen in 150 m Höhe immergrüne mediterrane Steineichen vor, noch bis 400 m finden sich Ölbaumhaine, darüber dominiert die Flaumeiche, die schon etwas niedrigere Temperaturen und eine größere Anzahl von Frosttagen sowie stärkeren Frost verträgt, noch höher finden wir die Edelkastanie, die Rotbuche, schließlich Fichte und Tanne. Die Exposition, der Standort in bezug auf die Sonne, wirkt sich stark differenzierend aus. Während auf den Südseiten eines Berges die wärmeliebenden Pflanzen wie die Flaumeiche bis auf 800 m und manchmal höher klettern können, beschränken sie sich auf der sonnenarmen Nord-

Steineichen in steilen, südgerichteten Felsen auf etwa 650 m über dem Meeresspiegel, darunter ein Ölbaumhain oberhalb von Nago; im Hintergrund die Rocchetta von Riva (vgl. Tour 30)

seite auf die Höhen bis etwa 500 m. Manchmal erreichen sie nicht einmal diesen Wert, und in steilen Tälern kommen auch in den tiefsten Zonen keine Flaumeichen vor, sondern Pflanzen schattenverträglicher Schluchtwälder. Unsere Tour 54 nördlich von Verona bringt ein besonders eklatantes Beispiel. Die Niederschläge sind nicht nur von der Höhe abhängig – sie nehmen mit der Höhe zu –, sondern vor allem auch von der Lage eines Gebirgstales, in dem sich ein bestimmter Hang befindet. Die Südhänge des Etschtales im Vinschgau und Burggrafenamt bekommen zum Beispiel fast keine Niederschläge, weil die Hauptherkunftsrichtung der regenbringenden Wolken, der Nordwesten, durch hohe Berge abgeschirmt ist. Diese inneralpinen Trockeninseln sind oft die angenehmsten Winterwanderziele, weil bis hoch hinauf kein Schnee zu befürchten, kein Eis zu erwarten ist. Der Wind wirkt sich ebenfalls selektiv aus. Wo der Wind häufig und stark bläst, ist der Schnee schneller weggetaut als dort, wo es regelmäßig windstill ist. Viele Pflanzen können starken Wind nicht vertragen, es kommt zu Zwergwuchs und Windscherung, wie an der See und im Hochgebirge gut zu sehen ist.
Neben diesen allgemeinen Faktoren, die Pflanzengesellschaften beeinflussen, sind es in unserem Raum zwei spezielle Faktoren, die Klima und Pflanzenwuchs regulieren. Dies sind das Vorhandensein eines riesigen Wasserkörpers in Form des Gardasees und die Trockenheit und südliche Ausrichtung eines von steilen Berghängen flankierten Tales, nämlich des Etschtales zwischen Meran und der Veroneser Klause. Sehen wir uns zunächst die Gardaseeregion an.
Die Höhenstufen der Vegetation am Gardasee werden ganz massiv durch die klimatisch mildernde Funktion der großen Wasserfläche bestimmt. Der, wie wir schon gehört haben, im Winter zu seiner Umgebung relativ wärmere See gibt zwischen November und April so viel zusätzliche Wärme ab, daß sich dort Pflanzen halten können, die sonst auf das Mittelmeergebiet beschränkt sind. Kein Frost stört sie hier, in der Toskana mit ihren Ölbaumhainen ist es im Winter häufig kälter als hier am See. Die *(basal-colline) Steineichenstufe oder quasi-mediterrane Stufe:* Die Charakterpflanze des mediterranen Gebietes ist die Steineiche. Es heißt, daß dieser immergrüne Baum mit seinen ledrigen Blättern unter heutigen Bedingungen keine neuen Wälder mehr produzieren würde, daß es sich bei seinen großen Waldgebieten also um ein Reliktvorkommen handelt. Deswegen wird das Klima am Gardasee auch oft als quasi-mediterran bezeichnet, um es gegen echte mediterrane Klimate abzugrenzen. Aber das sind für uns Wanderer akademische Differenzierungen. Für uns ist nur wichtig, daß hier in einem dem mediterranen vergleichbaren Klima sehr, sehr viele Pflanzen vorkommen, die für das Mittelmeer charakteristisch sind. Beileibe

Ölbäume bei Cassone (Mai 1989)

nicht nur in den Parks, wie uns schlechte Reiseführer immer wieder suggerieren, sondern eben und gerade in der Natur! Neben der Steineiche, die vom See bis in etwa 200 m Höhe reicht – nur an warmen, sonnenexponierten Stellen natürlich –, wachsen hier wilder Lorbeer, Zypresse, Oleander, Mastixstrauch, Stechwinde, an ein paar Stellen der Rosmarin, dazu Klettenkrapp, eine immergrüne Kletterpflanze, Kronwicke, Perückenstrauch, Terebinthe und mediterrane Orchideen wie die Männleinorchis, das italienische Knabenkraut, Bertolonis Ragwurz (Orchis bertoloniiformis ssp. benacensis), das Affenknabenkraut und viele andere. Sogar ein Stendel kommt hier vor, mediterranste aller Orchideen, die Serapis vomeracea.
Die Steineichenstufe hat ihre Grenze schon im Mittelteil der Verbreitung des Ölbaumes. Dieser kultivierte Baum, der immer wieder mit mediterranem Klima gleichgesetzt wird, reicht im Gardaseegebiet und im Etschtal tatsächlich viel höher hinauf als das Steineichenklima. Andererseits kommen einige Steineichen isoliert an sonnenheißen Felshängen bis über 1000 m vor. Am Toblinosee und am Lago di Santa Massenza zwischen Gardasee und Etschtal kommen an den dortigen heißen Hängen zum Beispiel noch Steineiche, Terebinthe, Nizza-Euphorbie und die rote Spornblume vor. Im Etschtal finden sich unter Castel Sabbionara noch einige Ölbäume. Und die berühmten Meraner Gärten haben ja sogar subtropische Pflanzen aufzuweisen, die noch mildere Temperaturen verlangen als die typisch mediterranen!
Oberhalb der Steineichenstufe, und an kühleren Stellen auch schon am Seeufer ansetzend, erstreckt sich bis in eine mittlere Höhe von 700 m die *submediterrane (submontane) Flaumeichenstufe.* Flaumeiche, Hopfenbuche und Mannaesche – alles laubabwerfende, aber wärmeliebende Bäume – sind für diese Stufe charakteristisch. Auch die Hainbuche kommt hier vor, immer noch der Perückenstrauch, an besonders trockenen Stellen dominiert die Schwarzkiefer. Auch hier gibt es noch genug mediterrane Pflanzen, was im übrigen auch auf die Flaumeichenwälder des Etschtales zutrifft. Im Winter sind diese Flaumeichenwälder durch die oft kohlschwarzen, gedrehten und sperrigen Stämme und Äste des namengebenden Baumes besonders reizvoll. Im Unterwuchs gibt es häufig den immergrünen Mäusedorn, auch die Pistazie und der Zürgelbaum kommen hier noch vor, und hoch hinauf reichen einzelne Vorkommen des Blasenstrauches.
Ab etwa 600 m bis 800 m Höhe gibt es ausgedehnte Edelkastanienwälder, sie wurden vom Menschen angelegt. In ihrem oberen Teil reichen sie schon in die *montane Buchenstufe* hinauf, die von etwa 700 m Höhe bis manchmal zur Waldgrenze reicht, also bis etwa 1800 m. Die Obergrenze der Buchenstufe ist auch die Obergrenze schneefreier Wanderungen in der kühleren Jahreszeit, aber

Mäusedorn

Lorbeer (5. Januar 1993)

Stinkende Nieswurz bei der Alm Valdabin di Sotto (Januar)

Veilchen (Vilpian, 9. März 1993)

Pfirsich (Auer, 3. April 1993)

Schneeglöckchen (Cima Comèr, März), vgl. Tour 36

Kornelkirsche (Burgstall, 9. März 1993)

Diptam (Kleines Steintal, 4. Mai 1993), vgl. Tour 10

Stipa pennata (Kleines Steintal, 4. Mai 1993), vgl. Tour 10

Christrose (April!)

Kurzstengelige Primeln (28. Januar 1993)

auch nur an den wärmsten, am stärksten der Sonne ausgesetzten Stellen. Neben der Rotbuche finden sich in diesen Wäldern auch, besonders an kühleren Standorten, Fichte und Tanne, Hopfenbuche und im obersten Bereich die Lärche. Als Unterwuchs finden sich häufig Wacholder und Stechpalme, die, weil immergrün, im Winter besonders auffallen.

Die Höhenstufen der Vegetation im Etschtal: Die wärmsten Bereiche des Etschtales zwischen Meran und Verona sind die sonnenexponierten Südhänge in geringer Höhe über dem Talboden. Hier staut sich oft sogar im Hochwinter die Wärme dermaßen, daß man das Hemd ausziehen möchte. Vom Gardasee und von der milden Poebene reicht diese Zone milden Klimas (nach den insubrischen Südalpenseen »insubrisches Klima« genannt) bis hinauf nach Bozen und Meran. Im untersten Teil kommen noch Steineichen vor, der Ölbaum erstreckt sich ebenfalls ziemlich weit in diese Zone hinein, aber die Charakterpflanze ist die Flaumeiche. Mediterrane Einschläge haben der Perückenstrauch, der Blasenstrauch, der Purpurblaue Steinsame, der Mäusedorn oder die Terebinthe. Die Winter sind mild und frostarm, die mittleren Jahrestemperaturen liegen um und über 10 Grad. Die nächste Stufe ist ebenfalls durch die Flaumeiche gekennzeichnet, aber die Zahl der mediterranen Einschläge ist gering, das Klima dieser Zone ist nicht mehr mediterran beeinflußt, sondern kann schon als mitteleuropäisch angesprochen werden. Die mitteleuropäisch-submontane Stufe weist Flaumeichen, Hopfenbuchen und vom Menschen gepflanzte Edelkastanien auf, an trockenen Stellen dominiert die Kiefer, besonders im höheren Bereich dieser bis etwa 800 m reichenden Stufe. Kornelkirsche und Sanddorn trifft man ebenso wie Weißdorn und Felsenbirne.

Noch höher dominiert die mitteleuropäisch montane Stufe mit ihren Rotbuchen, Fichten und Tannen, Eschen und Ahornen, die aber für uns schon kaum von Belang ist, sind doch die Winter in dieser Zone schon zu hart, bleibt der Schnee doch zu lange liegen. Nur am Rande berühren wir einmal diesen Vegetationsbereich, wenn wir über eine steile, sonnenausgesetzte Flanke auf ein Plateau hinaufsteigen, um dort den plötzlichen Wechsel der Vegetation festzustellen. Die Touren 21 im Etschtal und 39 am nordwestlichen Gardasee sind gute Beispiele dafür.

← Turm-Gänsekresse
am Kap San Vigilio
(Februar), vgl. Tour 44

Bertolonis Ragwurz (Marciaga, April 1989),
vgl. Tour 45

Kleines deutsch-lateinisch-italienisches Pflanzenglossar

Affenknabenkraut	Orchis simia	Orchidea omiciattolo
Bertolonis Ragwurz	Orchis bertolonii	Orchidea di Bertolonii
Blasenstrauch	Colutea arborescens	L'erba vesicaria
Christrose	Helleborus niger	Rosa di natale
Diptam	Dictamnus albus	Frassinella
Edelkastanie	Castanea sativa	Castagno
Felsenbirne	Amelanchier ovalis	Pero corvino
Flaumeiche	Quercus pubescens	Roverella
Granatapfel	Punica granatum	Melograno
Grüne Nieswurz	Helleborus viridis	Elleboro verde
Hainbuche	Carpinus betulus	Carpino
Hopfenbuche	Ostrya carpinifolia	Carpino nero
Hundszahnlilie	Erythronium dens-canis	Dente di cane
Immergrün	Vinca spo.	Pervinca
Japanische Mispel	Eriobotrya japonica	Nespolo
Kiefer	Pinus austriacus	Pino nero
Klettenkrapp	Rubia peregrina	Rubia
Kornelkirsche	Cornus mas	Corniolo
Leberblümchen	Hepatica nobilis	Erba trinità
Lorbeer	Laurus nobilis	Alloro
Mäusedorn	Ruscus aculeatus	Pungitopo
Mannaesche	Fraxinus ornus	Orniello
Nizza-Wolfsmilch	Euphorbia nicaeensis	Euforbia di Nizza
Ölbaum	Olea europaea	Olivo
Oleander	Nericum oleander	Oleandro
Perückenstrauch	Cotinus coggygria	Scotano
Robinie	Robinia pseudoacacia	Spinar
Rotbuche	Fagus sylvatica	Faggio
Sauerdorn	Berberis vulgaris	Berbero
Schmerwurz	Tamus communis	Tamaro
Schopfträubel	Muscari comosum	Cipollaccio
Seifenkraut, rotes	Saponaria ocymoides	Saponaria rossa
Spinnenragwurz	Ophrys sphecodes	Fior ragno
Spornblume	Cetrianthus ruber	Savonina
Stechwinde	Smilax aspera	Salsapariglia nostrana
Steineiche	Quercus ilex	Leccio
Steinlinde	Phillyrea sp.	Ilatro
Stengellose Schlüsselblume	Primula vulgaris	Primula comune
Sumach	Rhus cotinus	Scotano
Terebinthe	Pistacia terebinthus	Terebinto
Turmgänsekresse	Arabis turrita	Arabetta maggiore
Wacholder	Juniperus communis	Ginepro
Weißdorn	Crataegus monogyna	Biancospino
Zweiblütriger Krokus	Crocus biflorus	Zafferano selvatico
Zypresse	Cupressus sempervirens	Cipresso
Zürgelbaum	Celtis australis	Bagolaro

Gebiet 1
Wanderungen am Sonnenhang des Etschtales zwischen Meran und Bozen

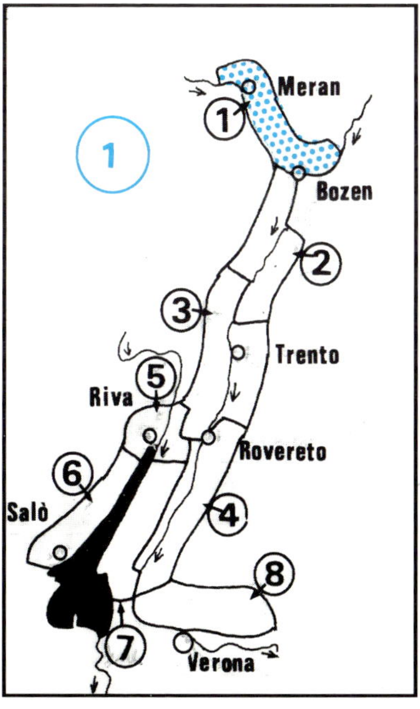

Wohl dem, der sich nicht den allgemeinen Touristenströmen anschließt und ins warme Südtirol kommt, wenn die Massen das Land noch nicht erreicht oder schon wieder verlassen haben, nach der Weinlese, vor Ostern. Er wird vielfach belohnt. Im Spätherbst und Winter und im Vorfrühling gibt es lange Perioden, in denen der Himmel strahlend blau und die Sicht schier unbegrenzt ist, an denen man auf warmen Südhängen die Jacke auszieht und dann das Hemd; Tage, an denen man ganz allein ist auf der Wanderung und das überhaupt nicht versteht, meint, es müßte der Weg voll sein mit Sonnenanbetern wie unsereinem, die es vorziehen, die schneefreien Hänge über der Etsch zu durchstreifen und die ersten Blüten – oder die letzten – zu bewundern, als in langen Schlangen an irgendwelchen Liften anzustehen, um dann im Konvoi eine überfüllte Piste hinunterzubretteln.

Nun gut, es ist nicht so, wir sind allein an diesen warmen Tagen der kühlen Jahreszeit, kalt wird es ja selten einmal. Hier im Burggrafenamt zwischen Meran und Bozen bleiben wir in den unteren Hangbereichen, auf den Verflachungen kann es schon Schnee gegeben

haben, und er kann auch einmal liegengeblieben sein, auf dem Tschögglberg machen wir die obligate Ausnahme. Unten in der Ebene kann es schon mal Nebel geben, auf den Hängen sind wir draußen aus der Suppe und aus dem Alltag. Was im Sommer unerträgliche Hitze verspricht, die Flaumeichenbuschwälder, Kiefernbestände, Trockenrasen auf Porphyrfelsen, ist jetzt in die wunderbarste Sonnenwärme getaucht, Wärmeinsel im kalten Winter der Alpen und Mitteleuropas. Kein Wunder, daß Meran seine Karriere als Winteraufenthalt kranker Mitteleuropäer begann!
Kaum eine Verflachung bis 800 m und höher, auf der nicht Wein angebaut wäre. Auch im Winter wird er uns in einigen Buschenschenken angeboten, zusammen mit der klassischen Südtiroler Marende, sagen wir ein paar Scheiben Speck und einem Stück Bauernbrot. Kastanienwälder und Obstgärten zeugen von anderen Köstlichkeiten, die uns im Gasthof, beim ausschenkenden Bauern erwarten. Wer am Wandergenuß noch nicht genug hat, kann ihn mit kulinarischen Genüssen vervollständigen.
Alle acht Wege sind mit Kindern zu gehen, jüngere müssen bei der ersten Tour über den ausgesetzten Vellauer Felsenweg an die Reepschnur genommen werden, der Weg selbst ist ganz leicht zu gehen. Meist gibt es kein Wasser am Weg, bei den Bauern, die man passiert, läßt sich aber immer ein Wasser bekommen oder, wie gesagt, Substantielleres.

Tour 1 Vellauer Felsenweg und Algunder Waalweg

S	3; Schwindelfreiheit nötig, ansonsten unproblematisch
Z	Ht
H	50 m/1100 m; 323 m/1361 m
V	In Meran und Dorf Tirol insubrisches Klima mit vielen mediterranen Pflanzen, ab Hochmut bis Vellau extremer inneralpiner Trockenhang mit Föhren und Schluchtwald (mitteleuropäisch-montanes Klima), ab Vellau submontaner Flaumeichen-Hopfenbuchenwald
B	Das Teilstück Vellauer Felsenweg kann im Hochwinter nach Schlechtwetterphasen Schnee- und Eisreste aufweisen, die folgende Talquerung kann vereist sein
A/E	Meran; die Hochmutbahn hat im Hochwinter Betriebsferien, sonst 8 Uhr bis 19 Uhr, bei Schönwetter durchgehend
W	Meran, Vellau; die Cafés am Waalweg und in Dorf Tirol sowie das Gasthaus auf der Hochmut haben im Winter möglicherweise Ruhepause
L	Tabacco-Karte 1:25 000, Meran und Umgebung

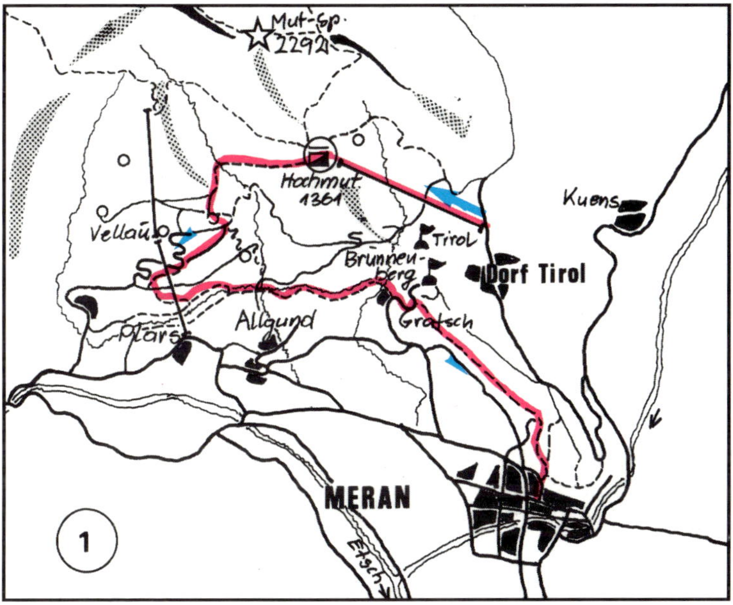

Sagen wir's mit dem Grieben »Meran und Umgebung«, achte Auflage von 1926:
Die Flora der Ziergärten der Meraner Promenaden und Anlagen ist vorherrschend wintergrün und enthält in vollendeter Schönheit hundertjährige Pyramidenzypressen, Pinien (in einigen Exemplaren), die Meerstrand- und Aleppokiefer, die Atlas- und Libanonzeder, den Erdbeerbaum, Kirschlorbeer, echten Lorbeer, Berglorbeer, die immergrüne Steineiche, die frei ohne Winterschutz ausdauernde Fächerpalme, die Hanfpalme (Chamaerops excelsa), den japanischen Spindelbaum (Ephonymus), der als Garteneinfriedung charakteristisch ist, herrliche Wellingtonien, zahlreiche Himalaja-Zedern, Bambus, Palmlilien, Magnolien, baumartigen Liguster, immergrünen Feuerdorn, Buchsbaum- und Myrtengewächse, Kakteen, Catalpen, Glyzinien und zahlreiche andere Vertreter des warmen Klimas, die unter den hier so günstigen klimatischen Verhältnissen den Alpenwinter überdauern. Die schönste Pflanzung ist die Gilfanlage, der Freiluftwintergarten Merans. Aber auch in weniger geschützter Lage blühen schon im Januar der frühblühende Jasmin und der köstlich duftende japanische Gewürzbaum.

Allein diese Beschreibung sollte uns Wanderer scharenweise in den Meraner Winter locken. Wo solche Pflanzen ohne Schutz überwintern können, liegt auch in der Umgebung normalerweise kein Schnee, ist schneefreies Wandern auch im Hochwinter möglich. Tatsächlich kommen nur einige wenige Kenner im Winter nach Meran und ins warme Etschtal bis hinunter nach Bozen, die meisten sehen Meran dann nur als Durchgangsstation für die Skiparadiese des Vinschgaus und des Ultentales. Das soll nicht heißen, daß es nicht auch in Meran schneien kann, wir erinnern uns an die Weihnachtszeit 1979 und den tiefen Schnee, in dem man damals durch die Parkanlagen der Stadt watete. Aber das war eine Ausnahme, und selbst wenn es einmal geschneit hat, ist am nächsten Tag der Spuk normalerweise wieder weg.
Dabei hat Meran als Winterkurort angefangen, gerade wegen seiner Wintermilde wurde es aufgesucht, nicht etwa wegen seines Sommerklimas (das ziemlich unerträglich ist). Noch im Lorenzschen Reiseführer »Tirol in 20 Tagen« von 1908 heißt es:
Meran ist ein Eldorado für Touristen und Erholungssuchende. Die großen Hotels sind jetzt auch im Sommer geöffnet.
Die Meraner hatten für ihre Winterkurgäste schon im späten 19. Jahrhundert ein Netz von Wanderwegen geschaffen, auf dem jene schneefrei die Landschaft und die Pflanzen bewundern konnten, angefangen hatte es mit dem zwei Kilometer langen Promenadenweg des Kurarztes Doktor Tappeiner, heute noch die schönste Promenade der Stadt. Der Meraner Arzt Doktor Roman Weinberger hatte als erster Meran als Kurstadt einen Namen gegeben, als Bürgermeister sollte er sein Werk vollenden. Die Traubenkuren Merans, mit denen damals begonnen wurde, kann man heute noch machen, und viele Menschen machen sie, begeistert davon, Jahr um Jahr.
Unser Wandervorschlag nutzt den Tappeinerweg für den Rückweg als sanften Ausklang einer anregenden, aussichtsreichen und auf dem Vellauer Felsenweg ausgesetzten Tour, die im Frühjahr und Herbst viel begangen wird. Wenn wir sie im Winter gehen, kann es sein, daß wir ganz allein unterwegs sind. Achtung aber auf die Hochmutbahn, es kann sein, daß hier gerade Winterpause herrscht!

Der Weg

Die Talstation der Hochmutbahn erreicht man mit Bus ab dem Meraner Bahnhof, von der Talstation (680 m) geht es auf 1361 m hinauf. Von der Bergstation geht es links zum Aussichtsbalkon mit Gasthaus, geradeaus und abwärts führt der Vellauer Felsenweg in den extrem steilen Trockenhang (Schilder), wendet man sich bergaufwärts, kommt man ebenfalls auf einen Felsenweg, den Hans-

Die Brunnenburg über unserem Wanderweg war schon im letzten Jahrhundert ein beliebtes Ausflugsziel der Meraner und ihrer Gäste (Fotografie L. Bresslmair, um 1890).

Frieden-Felsenweg, der für schnee- und eisfreie Wanderfreuden allerdings zu hoch hinaufführt.
Der exponierte Vellauer Felsenweg ist einfach zu gehen, man muß nur schwindelfrei sein, um ihn genießen zu können. Nach der Steilhangquerung erreicht man ein bewaldetes Tal mit Schluchtwald, der Weg führt nun aufwärts zu einer Hangkante mit dem Hof Aicher (ca. 1060 m, 1.00 h). Von hier geht es schnurgerade bergab zum Oberlechner (ca. 950 m) mit Wirtschaft, man folgt dem Sträßchen nach rechts und nach Vellau, passiert von dort abwärts gehend zwei Kehren und erreicht bei der dritten den Schlundensteinweg mit Nummer 25a, der zum Plarser Waal hinunterführt, den man (bei ca. 470 m, 1.00 h/2.00 h) kurz vor dem Café Konrad erreicht. Nun weiter auf dem Waalweg in Richtung Meran, nach kurzem Straßenstück wieder Weg, diesmal der Algunder Waalweg, der bis Gratsch führt. Kurz auf der Straße in gleicher Richtung aufwärts, dann in einer Linkskurve nach rechts und mit entsprechenden Schildern markiert die Abzweigung zum Tappeinerweg. Über Meran auf einem der Wege hinunter in den Ort (323 m, 1.15 h/3.15 h), zum Beispiel auf dem Tiroler Steig.

Tour 2 Von Burgstall zum Buschenschank Hecherhof

S	1
Z	Ht
H	400 m/400 m; 261 m/ca. 630 m
V	Im Tal und am Sonnenhang Trockenvegetation im submontanen Flaumeichenklima: Flaumeichenbuschwald und Trockenrasen auf felsigen Stellen; auf dem Plateau submontaner Mischwald mit Buche und Edelkastanie
B	Die flachen und schattigen Stellen zwischen Hecherhof und Mitterwalderhof können verschneit und vereist sein, die Hänge jedoch sind praktisch ganzjährig schneefrei
A/E	Burgstall, Gasthof Weißes Rößl (261 m), Busverbindung von Meran und Bozen
W	Gasthäuser in Burgstall, Buschenschank Hecherhof, die anderen Buschenschenken sind im Winter oft nicht auf Besucher eingestellt, Gasthof Förstler beim Erreichen der Hauptstraße nach dem Abstieg
L	Mapgraphic-Karte 1:25 000, Bl. 7, Tschögglberg, Tabacco-Karte 1:50 000, Bl. 3, Bozen - Welschnofen

Wir kamen in den ersten Märztagen. Am Gardasee war noch wenig vom Frühling zu bemerken. Ein paar verfrühte Forsythienknospen, sonst nichts. Umso überraschender der Anblick der Hänge über Burgstall: Forsythien in voller Blüte, blühende Kornelkirschensträucher – die Büschel kleiner, gelber Blüten sind nicht zu übersehen –, ein Sonnenröschen (das nach Bestimmungsbuch ab Mai blüht), der hellgelbe Behaarte Geißklee (er soll ab Ende März blühen)! Warm, trocken, blauer Himmel, herrliche Aussicht bis zum Ortler, was will man mehr? Und der Hecherhof oben auf der Verflachung über Burgstall mit ihrer Handvoll Höfe hat offen, man kann sein verdientes Glas Wein trinken oder, der Durst verlangt es oft stürmisch, sein Bier. Vorher kommt man durch einen herrlichen Kastanienwald, die Herbstwanderer können sich dann beim Hecherhof, beim Wieslerhof, beim Pflanzerhof oder Mitterwalderhof, letzterer mit herrlichem Gastgarten, an frisch gerösteten Kastanien laben. Der Weg geht im Auf- und Abstieg durch Flaumeichenbuschwald mit Mannaeschen und Hopfenbuchen, häufig sehr niedrig, denn der karge Porphyrboden in diesem extrem trockenen Bereich des Burggrafenamtes gibt nicht viel her. Auf den trockensten Stellen steht der Porphyrfelsen an, hier wachsen und blühen Mauerpfeffer, Hauswurz und Fetthenne. Wo es eine Verflachung gibt, haben die Bauern Wein gepflanzt und Obst, man denkt als Wanderer bei diesen Gewächsen vor allem daran, daß man die Produkte in den Buschenschenken bekommt ...

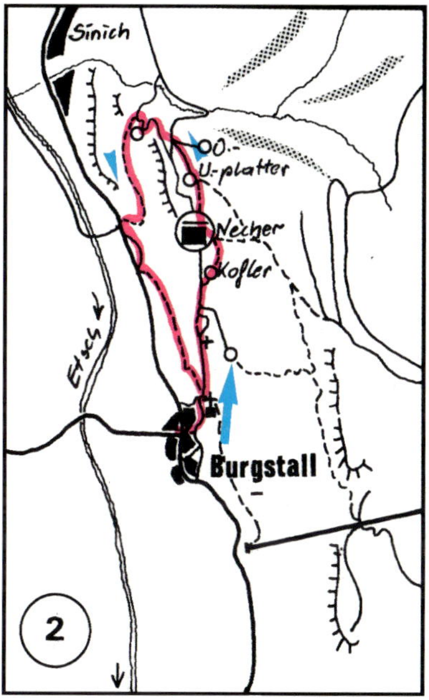

Der Weg

In Burgstall geht man vom Gasthof Weißes Rößl (261 m) den Fußweg hinauf zur Kirche (322 m). Nachdem man Kirche und Friedhof passiert hat, zweigt rechts ein Sträßchen ab, hier Schild zum Wieslerhof und Markierung 1A. Auf diesem Weg quert man bald den Graf-Volckmar-Weg, auf dem wir beim Zurückgehen wieder nach Burgstall gelangen. Weiter auf der Asphaltstraße, aber bereits in der ersten Rechtskurve weiter auf Fußweg, markiert auch hier. Man berührt nochmals die Straße und erreicht sie endgültig bei einem Bildstock mit Aussichtsbank. Vorbei am Pflanzerhof (ca. 470 m), Obst- und Weinbau. Bei der nächsten Rechtskurve ist eine Abkürzung möglich, sie führt durch den steilen Weinberg und erreicht den Koflerhof (ca. 570 m), einen Buschenschank. Hier endet die Asphaltstraße, wir gehen links auf altem Karrenweg weiter und queren durch Edelkastanienwald zum Gasthof - Buschenschank Hecherhof (ca. 630 m, 1.10 h). Ein paar Meter geradeaus weiter, dann auf Weg nach rechts durch den Wald, man geht im Bogen hinüber zum Unterplattner, wo man auf Markierung 1 trifft. Nach dem Hof nach links und etwa 15 Höhenmeter tiefer, dort erreicht man in einer kalten Mulde ein Sträßchen, man folgt ihm kurz nach rechts abwärts und hält sich bei der nächsten Gabelung wieder rechts mit Schild und Markierung Sinich - Buschenschank Mitterwalderhof.
Nun in mehreren Kehren bergab durch Wald, links zweigt man zum Keller des Mitterwalderhofes ab, nach einer weiteren Kehre mündet das Sträßchen beim Tor des gleichnamigen Buschenschankes hoch über dem Etschtal. Hier auf Forststräßchen (Fahrsperre, Schild Burgstall und Markierung) nach links bis zu seinem Ende. Ein schmaler und zunächst undeutlicher Weg führt geradeaus wei-

Edelkastanien säumen den Weg hinüber zum Hecherhof.

ter zum Steilhang, dort ein roter Punkt und anschließend keine Markierung mehr, ab hier ist sie aber auch nicht mehr nötig. Der alte, gepflasterte Weg führt hinunter bis knapp über die Talsohle, man kommt gegenüber dem Gewerbegebiet zwischen Sinich und Burgstall heraus auf die Straße (ca. 275 m, 1.00 h/2.10 h). Nach 100 m in Richtung Süden zweigt links von der Hauptstraße die alte Straßentrasse ab, man folgt dieser zum Gasthof Förstler (278 m). Dort beginnt – sehr unscheinbar – der Graf-Volckmar-Weg, der uns nach Burgstall zurückführt (0.20 h/2.30 h).

Tour 3 Von Vilpian nach Schlaneid über den »Etschblick«

S	1
Z	Ht
H	150 m/900 m; 264 m/1161 m
V	Auf dem Schlaneider Plateau mitteleuropäischer Bergwald, auf dem Abstiegshang ab »Etschblick« submontaner Flaumeichenwald, im Etschtal Hainbuchenwald mit Mäusedorn als Unterwuchs
B	Das Schlaneider Plateau ist im Hochwinter schneebedeckt, der Abstiegsweg ist normalerweise bis auf kleine Passagen schnee- und eisfrei
A/E	Talstation der Möltener Seilbahn (258 m), Bushaltestelle an Hauptstraße hundert Meter in Richtung Bozen
W	Bar in der Talstation, Gaststätte in der Bergstation (im Winter meist geschlossen)
L	Mapgraphic-Karte 1:25 000, Bl. 7, Tschögglberg, Tabacco-Karte 1:50 000, Bl. 3, Bozen - Welschnofen, Wanderkarte 1:25 000, Mölten, um Lire 500 beim Verkehrsverein Mölten

Der beliebte Weg von der Möltener Bergbahn nach Schlaneid und dann hinunter nach Vilpian ist im Winter ein Geheimtip. Dabei fährt die Bahn sommers wie winters im Stundentakt, sie ist ja nicht für die Touristen gebaut worden, sondern für die Menschen, die auf dem Tschögglberg wohnen, zu dem Schlaneid gehört. Oben auf dem Plateau liegt meist Schnee, aber an den unteren Rändern ist er immer schon halb weggetaut, wenn das Schneewetter aufhört, und kaum legt die Sonne erst so richtig los, sind seine Stunden gezählt. So wandert man dann den alten Weg von den Eichholzhöfen über die Scholerhöfe hinunter ins Etschtal, immer auf dem Südhang, immer mit der warmen Sonne, und freut sich über jede frühe Blüte, die man findet. Unten im Tal dann, wo der stachelige Mäusedorn den Boden dicht bedeckt und die Steine von Efeu überwachsen sind, wartet im Vorfrühling ein wahres Leberblümchenparadies.

Der Weg

Man könnte ja nach Ankunft an der Bergstation der Möltener Kabinenbahn gleich nach rechts drehen und den Abstieg beginnen. Das wäre aber schade, denn der Kontrast des schneebedeckten Plateaus und des warmen, aperen Hanges wird stärker und erinnerungsintensiver, wenn man zuerst ein wenig auf dem Plateau wan-

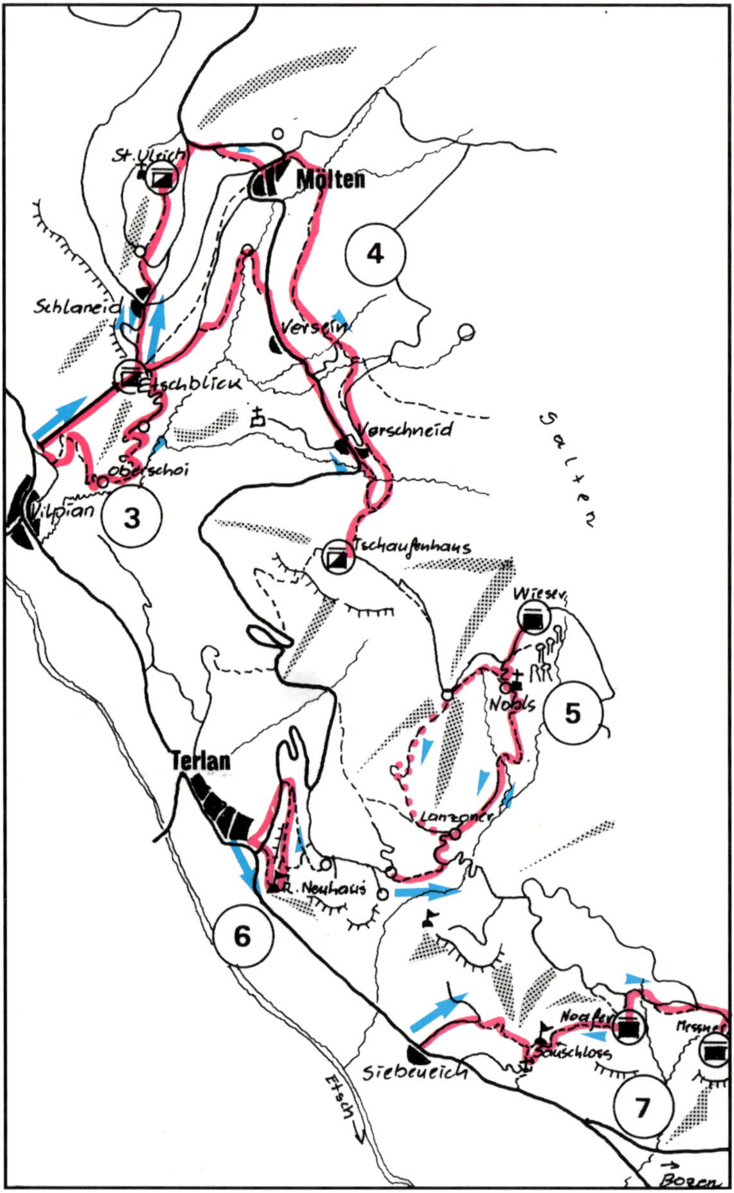
St. Ulrich
Mölten
4
Schlaneid
Versein
Etschblick
Vorschneid
Salten
Oberschoi
Vilpian
3
Tschaufenhaus
Wieser
Nobls
5
Terlan
Lanzoner
R. Neuhaus
6
Noafer
Messner
Sauschloss
Siebeneich
Etsch
7
Bozen

Selten sind die Zeugen der Vergangenheit geworden, wie dieser Backofen in Schlaneid.

dert. Also gehen wir nach Schlaneid hinauf, schließlich ist sogar die Valentinskirche, die heute im Dorf steht, einmal hinaufgewandert, als man nämlich die romanische Kirche, die unterhalb stand, im 18. Jahrhundert abtrug und im Dorf eine neue errichtete.
Von der Bergstation (1026 m) nach links auf Asphaltstraße und gleich wieder links auf markierten Wanderweg S, der nach Schlaneid führt (1161 m, 0.30 h). Nach Kirchenbesichtigung auf demselben Weg zurück, diesmal auf der Asphaltstraße an der Bergstation vorbei bis zum knapp dahinter rechts abzweigenden Fahrweg zum Obereichhölzer (857 m). Auf Weg zum Untereichhölzer (805 m) und durch ein Waldtal zum Oberscholer (544 m, 1.20 h/1.50 h), der Hof ist neuerdings von Planatsch her zu erreichen. Der alte Weg führt weiter abwärts, man passiert den Unterscholer und biegt nach Nordwesten, wo man den etwas schattigeren, aber keineswegs kühleren Steilhang über Vilpian erreicht, quert ein Felssturzgebiet und ist schon unten bei der Talstation (258 m, 0.40 h/2.30 h).

Tour 4 Der Tschögglberg-Rundweg

S 1
Z T
H 600 m/600 m; 972 m/1304 m
V Mitteleuropäischer Bergwald mit Fichte, in den höchsten Zonen subalpiner Bergwald mit Lärche (Tschaufen!)
B Ausnahmsweise eine Tour, die im Winter längere Zeit verschneit sein kann, wegen der üblicherweise geringen Schneemenge und der schönen Sonnenlage des Tschögglbergs kann man den Weg trotzdem gehen. Dann aber meist vereiste Stellen im Hohlwegstück des Gannwaldes zwischen Mölten und dem Hof Zufidel und beim Anstieg auf den Tschaufen, den man nur einbeziehen sollte, wenn die Hochfläche schon ausgeapert ist.
A/E Bergstation der Möltener Seilbahn, Talstation in Vilpian, Bus von Meran und Bozen, Haltestelle hundert Meter in Richtung Bozen
W Falls geöffnet (im Winter normalerweise nicht) Bergstation der Seilbahn. Gasthäuser in St. Ulrich, Mölten und Verschneid sowie auf dem Tschaufen.
L Mapgraphic-Karte 1:25 000, Bl. 7, Tschögglberg, Tabacco-Karte 1:50 000, Bl. 3, Bozen - Welschnofen, Wanderkarte 1:25 000, Mölten, um Lire 500 beim Verkehrsverein. Lageskizze auf Seite 46.

Auf unserem Rundweg über den Tschögglberg sieht man nur noch wenige Bauwerke, wie sie noch bis vor einer Generation generell verwendet wurden. In Schlaneid steht noch ein großer, offener Backofen, wir kommen daran vorbei. Der oberste Hof von Gschleier wurde 1993 gerade neu gebaut, das alte Wohnhaus mit Schindeldach, das Futterhaus mit Strohdach und bergseitiger Einfahrt standen noch, Denkmalschutz sei Dank, früher konnte man einfach abreißen und damit basta. St. Ulrich in Gschleier, die hoch gelegene Kapelle (mit nahem Gasthof!), weist noch alte Züge auf, obwohl sie erst im 19. Jahrhundert in dieser Gestalt errichtet wurde. Die Möltener Pfarrkirche, der Gottesmutter geweiht, mit spätgotischer Marienkrönung, die Annenkapelle im Friedhof mit anrührender Pietà von etwa 1400 sind andere Zeugen einer alten Kultur. Sicher, es gibt einige Höfe, die noch alt sind, aber die ganz alten, die noch, wie der oben genannte (Plun), die alten Formen der Dachbedeckung zeigen, sind nahezu vollständig abgekommen. Neue Häu-

Blick über das untere Möltener Plateau auf Etschtal und Mendel

ser, neue Straßen, wohin das Auge blickt. So gehen wir auf den Tschaufen, wenn es das Wetter zuläßt (auch dort führt jetzt vom Tschögglberg eine Schotterstraße hin), und schauen von den Lärchenwiesen in die Weite. Wie schnell man da den Ärger und die kritischen Gedanken vergißt, wie rasch man die Ruhe in sich heraufkommen spürt, bis man das Gefühl hat, hierbleiben zu wollen, sein Zelt aufzuschlagen, nur noch zu schauen, zu genießen ...
Unser Wegvorschlag bindet die Tschögglbergorte rund um Mölten zusammen und umfaßt die beiden Aussichtsstandorte über dem Etschtal, St. Ulrich in Gschleier im Westen, den Tschaufen im Süden. Der Salten im Osten ist im Winter unter tiefem Schnee, er bleibt den Skilangläufern vorbehalten. Nur wenige Wegstücke führen über Asphalt, ganz ließen sie sich nicht vermeiden. Jeder Hof will seine Zufahrt, hat er sie, will er eine asphaltierte Zufahrt, das ist der Gang der Dinge. Wer will, kann vom Tschaufenhaus auf dem meist aperen Fahrweg nach Osten gehen und erreicht über Endernobls Ort und Kirche Nobls, dort kann man über den in der nächsten Wanderung (Tour 5) beschriebenen Weg hinunter nach Terlan wandern.

Der Weg

Von der Bergstation der Seilbahn (1026 m) geht man auf asphaltierter Straße nach links und gleich wieder links auf markierten Wanderweg S, der nach Schlaneid hinaufführt. Im Ort wählt man bei einer Straßengabelung die linke Straße (Schild »Vöran«), bei der nächsten Gabelung die rechte, und gleich darauf findet man links einen Wanderweg mit dem sinnigen Schild »Wanderweg«. Wir folgen ihm meist markiert hangaufwärts, zuletzt über eine große Wiese zum Gasthof St. Ulrich mit offener Kapelle St. Ulrich in Gschleier (1344 m, 1.00 h). Auf der hier beginnenden Asphaltstraße gehen wir 50 m, dann geht es rechts auf Wanderweg 13 weiter, man erreicht die Asphaltstraße bei einer Gabelung. Wir gehen geradeaus auf dem mittleren Straßenzweig weiter, Mölten liegt bald rechts unter uns, hier finden wir die Markierung 13 wieder, die uns hinunterführt (1142 m, 0.20 h/1.20 h).
In Mölten geht man die Ortsstraße zwei Kurven aufwärts und findet rechts ein Sträßchen mit Schild »4/Jenesien–Salten–Langfenn«. Wir folgen ihm bis zum zweiten Bachtal, queren dort die erste Brücke und nehmen den hier nach rechts führenden, alten Fahrweg 4B. Er führt durch im Winter ziemlich vereisten Wald und nach kurzem Abstieg zum Hof Zufidel (1160 m, 0.45 h/2.05 h), quert hinüber zum nächsten Hof und führt dort knapp oberhalb als Waldweg weiter und zum Hof Gstrein mit Fahrstraße nach Verschneid.
Man geht nicht ganz hinunter nach Verschneid, sondern geht in einer Rechtskurve (1076 m, 0.15 h/2.20 h) geradeaus auf einen Fahrweg (Schild »Tschaufenhaus«), der dann als Wanderweg mit mehreren Schildern bis zum Tschaufenhaus hinaufführt (1304 m, 0.30 h/2.50 h).
Vom Tschaufenhaus hinunter bis zur (schon beim Aufstieg passierten) Abzweigung des markierten Weges 2 und auf diesem nach Verschneid. Dort erreicht man die Straße nach Mölten, der man bis Versein folgt (1052 m, 0.40 h/3.30 h). 250 m nach der Pension Waldhof geht links ein Weg mit der 2 zum Möltener Bach hinunter, man quert ihn (972 m) und geht jenseits hinauf zur Verbindungsstraße Mölten–Etschblick und dieser nach links folgend zur Bergstation der Seilbahn (1026 m, 1.00 h/4.30 h).
Variante ohne Tschaufenaufstieg (vom Hof Gstrein direkt hinunter nach Verschneid): 3.40 h.

Tour 5 Von Terlan nach Vordernobls

S	1
Z	T
H	650 m/650 m; ca. 620 m/1241 m
V	Im unteren Bereich submontaner Flaumeichenwald mit Kiefer, Weinbau, oberhalb Lanzonerhof trockener mitteleuropäischer Bergwald mit Rotbuche und Kiefer, am Schattenhang auch mit Tanne
B	Bis zum Lanzonerhof normalerweise ganzjährig schneefrei, oberhalb, besonders im mittleren Teil (Talquerung), im Hochwinter Schneelage und vereiste Strecken möglich
A/E	Pichlerhof an der Straße Terlan–Montigl bzw. Terlan
W	Gasthöfe in Terlan, Buschenschenken entlang der Straße nach Montigl, Wasser in Vordernobls. 30 Minuten oberhalb von Vordernobls liegt der bewirtschaftete Wieserhof (1386 m).
L	Mapgraphic-Karte 1:25 000, Bl. 7, Tschögglberg, Tabacco-Karte 1:50 000, Bl. 3, Bozen - Welschnofen. Lageskizze auf Seite 46.

Trotz der Neubauten von Bauernhöfen ist die Landschaft von Nobls ein Stückchen Tradition. Die Kirche St. Valentin in Vordernobls steht wie eh und je in der Zweisamkeit mit dem großen Bauernhof, umgeben von Birken, nichts hat sich geändert in den welligen Wiesen, nichts im Blick über das Tal und hinauf zum Wieserhof, von dem die Weissagung berichtet, daß die Erdrutsche, die ihn aus nächster Nähe bedrohen, erst zum Stillstand kommen werden, wenn sie den Herd im Wieserhaus erreicht haben – dort wird heute übrigens für die vorbeikommenden Wanderer gekocht, der Wieserhof ist ein Gasthaus. Um die früheren Bauzustände zu erahnen, geht man nach dem Gatter, der die Wiesen von Vordernobls gegen den Wald hinunter abschließt, nach rechts zum Hof Scheid: Wie klein ist dieses Wohngebäude heute geworden, hier haben einmal ganze Familien von zehn und fünfzehn Personen gelebt! Von Vordernobls geht man hinüber zur Wieserlahn, jener, die den Hof bedroht. In den weichen Schichten, aus denen sie abrutscht, hat sie wunderliche Erdpyramiden zurückgelassen.
Der Weg zum Lanzoner hinauf ist noch der alte Karrenweg, steil, streckenweise noch gepflastert, durch steiles, felsiges, aber von Flaumeichenbuschwald besetztes Gelände führend, auch ein altes Brückl ist noch erhalten. Kiefern, Hopfenbuchen und Mannaeschen finden sich hier ebenfalls. Bei 800 m treffen wir rechts auf einen Weinberg, die Verebnung beim nur hundert Meter höher gelegenen

Ganz einsam steht die Kirche von Vordernobls.

Lanzoner ist wohl zu flach, um in dieser Höhe noch Wein produzieren zu können, da nimmt man das Eckchen flache Erde am sonnenreichen Südhang und pflanzt dort die Reben.

Der Weg

Von Terlan (248 m) erreicht man den Pichlerhof auf der Straße nach Montigl, die wiederum von der Möltener Straße abzweigt; wer zu Fuß gehen will, nehme den Weg wie in Tour 6 und folge der Markierung 9, die zur Straße führt, an der sich der Pichlerhof befindet. Vom Pichler (ca. 620 m) kurz weiter auf der Schotterstraße bis zu einer Linkskurve, dort bei einem großen Felsblock mit Schild »Nobels« (sic!) und Markierung nach rechts in den Wald. Der eingeschlagene Weg ist der alte Karrenweg nach Nobls. Bei 800 m erreicht man nach langer Waldpassage einen Weingarten, hier biegt der Weg abrupt nach links und erreicht bald die Verebnung des Lanzonerhofes (890 m, 1.00 h). Links am Hof vorbei geht ein Fahrweg in den darüber liegenden Wald, er führt, zuweilen markiert, durch Wald und durch ein schattiges Bachtal bis zur großen Verebnung von Vordernobls, die nun direkt über uns in den Wiesen liegt. Die Kirche St. Valentin (1241 m, 1.15 h/2.15 h) ist unser Ziel, aber wer Lust (und Durst) hat, geht ja vielleicht weiter zum Wieserhof! Der Abstieg von St. Valentin bis zum Pichler nimmt etwa eineinhalb Stunden in Anspruch (ca. 620 m, 1.30 h/3.45 h).

Tour 6 Von Terlan auf die Ruine Maultasch (Ruine Neuhaus)

S	1
Z	Ht
H	250 m/250 m; 248 m/510 m
V	Sehr trockener Flaumeichenbuschwald mit mediterranen Trockenpflanzen
B	Kaum jemals Schnee
A/E	Terlan (248 m) an Straße Bozen–Meran, Bus von beiden Orten
W	Terlan
L	Mapgraphic-Karte 1:25 000, Bl. 7, Tschögglberg. Lageskizze auf Seite 46.

Blick auf Terlan von oberhalb der Ruine Maultasch

Die Burgruine über Terlan, von unten her auf schier unüberwindlichen Felsen zu stehen scheinend, ist mit dem Namen der Margarethe Maultasch verbunden. Die Fürstin war die letzte ihres Geschlechts. In zweiter Ehe hatte sie einen Kaisersohn geheiratet, den Wittelsbacher Ludwig von Brandenburg. Der Sohn Meinhard III., den sie ihm als Nachfolger gebar, war nur zwei Jahre lang Landesfürst, dann erlosch mit seinem Tod (13. Januar 1363) die männliche Linie des Hauses Tirol-Görz-Wittelsbach. Margarethe, damals 45 Jahre alt, konnte keinen Erben mehr erwarten, und zwei Wochen später ging das Land Tirol als Erbschenkung an den Habsburger Rudolf IV., der noch bis 1365 regierte. Mit der Übergabe des Landes an die Habsburger, die es bis 1918 verwalten (niemals besitzen) sollten, war die Rolle der Margarethe Maultasch eine der wichtigsten der ganzen Tiroler Geschichte, und es ist kein Wunder, daß es keinen Tiroler gibt und nur wenige Österreicher und Süddeutsche, die den Namen dieser Frau nicht schon einmal gehört haben.
Hier oben in der Burg, die heute ihren Namen trägt, soll sie also gelebt haben. Man möchte kaum mit ihr tauschen, das leere Mauerwerk wirkt nicht sehr anheimelnd (und ist wegen Einsturzgefahr gesperrt, derzeit finden Erhaltungsbaumaßnahmen statt). Aber der Blick, der Blick! Setzen Sie sich in aller Ruhe auf das Aussichtsbänkchen am Absturz zwanzig Minuten oberhalb der Burg, und genießen Sie das Panorama. Die Kirche von Terlan mit ihrem gewagten Turm liegt weit unter uns, und der ganze Ort ist einzusehen. Zurück geht es durch den Wald und über die Margarethenpromenade, stilvoll, wie uns scheint, wenn man gerade die Burg dieses Namens besucht hat!

Der Weg

In Terlan (248 m) geht man auf der Bozner Straße bis zum südlichen Ortsende. Nach der Abzweigung nach Mölten beginnt links in einem Park der Weg zur Ruine Neuhaus oder Maultasch, die direkt über uns zu liegen scheint. Im Hang gibt es eine Abzweigung, hier geht es links zur Margarethenpromenade, deren Nordende wir beim Abstieg wiederfinden, rechts geht man weiter zur Felsnase unter der Burg, die vom hervorragend ausgebauten Weg umrundet wird. An der Burgruine Maultasch (328 m) vorbei gelangt man in den Südhang mit Flaumeichenbuschwald und erreicht über einige Kehren auf schmalem Weg die Hochfläche über der Burg. Aussichtsbänkchen bei etwa 425 m. Der fast ebenen Markierung weiter folgend, erreicht man eine Gabelung (510 m, 1.00 h), hier kann man rechts in Richtung Montigl wandern (vgl. Tour 5!), links geht es nach Terlan hinunter, man erreicht zuerst die Margarethenpromenade und steht nach Querung der Möltener Straße vor den ersten Häusern von Terlan (Kirche 248 m, 0.25 h/1.25 h).

Alter Karrenweg hinauf zum Lanzonerhof

Tour 7 Von Siebeneich zum Sauschloß (Ruine Greifenstein)

S	1
Z	Ht
H	550 m / 550 m; 265 m / 764 m
V	Trockener Flaumeichenbuschwald im unteren Bereich, Flaumeichen-Hopfenbuchen-Kastanienwald im oberen Teil
B	Nur im Wegstück von der Ruine zum Gasthaus Noafer kann es im Hochwinter Schnee geben
A/E	Siebeneich (265 m) an der Straße Bozen–Meran, Bus von beiden Orten
L	Tabacco-Karte 1:50 000, Bl. 3, Bozen - Welschnofen. Lageskizze auf Seite 46.

Die Ruine Greifenstein wird auch Sauschloß genannt, weil dort in früheren Zeiten einmal eine lebende Sau, andere Gewährsleute berichten von einer halben Sau (die kann dann ja nicht mehr lebend gewesen sein), von der Burg hinuntergeworfen wurde. Die Verteidiger der Burg wollten damals, man schrieb das Jahr 1420, den Belagerern zeigen, daß man die Sau nicht nötig hatte und daß noch genug Vorräte auf der Burg waren, um auch einer längeren Belagerung standzuhalten. Ob ganze Sau, ob halbe Sau, die Belagerer zogen ab. Heute wird nicht mehr mit Säuen geworfen, die Burg ist schon lange Ruine und in dieser Hinsicht ungefährlich. Wer hier heraufgeht, hat meist anderes vor, als mit Säuen zu schmeißen. Vor allem die Gasthöfe in Unterglanig üben enormen Sog aus. Ob Messner oder Noafer – Wein und Kastanien sind der große Hit, das sollte man sich nicht entgehen lassen.

Der Weg ist echter Spätherbst- und Winterweg, im Sommer als Südhang kaum zu ertragen (wenn auch bewaldet), erst im Herbst macht er Spaß. Im Winter hat man den Vorteil, daß man die Ruine durch die Bäume sieht, vom Frühjahr bis zum Herbst wird sie durch das Laub verdeckt. Vielleicht ist der Spätherbst am schönsten, wenn das Laub schon gefallen ist, aber die Luft noch ein wenig Altweibersommer in sich trägt, und vor allem, wenn oben die Kastanien gerade recht sind zum Rösten.

Der Weg

In Siebeneich (265 m) folgt man der Straße, die am Steinerbach entlangführt. Eine Brücke leitet nach rechts über den Bach, hier Markierung und Schild »Sauschloß«. Der Weg 11A verwendet zuerst den NW-Hang, der recht kühl ist, später den Südhang. Der

Das Sauschloß ist nur im Winter vom Aufstiegsweg gut erkennbar.

Weg von St. Damian und St. Cosmas, man sah die Kirche von der Straße aus, mündet weiter oben im Wald von rechts. An der Talschulter zum Steinerbachtobel sieht man dann die eindrucksvolle Burgruine über roten Steilfelsen. Hier geht man nach rechts, quert unter der Ruine (Blicke nur im Winter, wenn die Blätter gefallen sind) zu einem Sattel rechts unterhalb der Ruine. Von hier in zehn Minuten nicht ungefährlich auf die Ruine (751 m, 1.30 h).
Zurück von der Ruine und auf dem Sattel wendet man sich nach links und geht weiter auf dem markierten Weg in ein Hochtal und schließlich auf die Verebnung von Unterglanig, bis man den Gasthof Noafer in schönem Kastanienhain erreicht (760 m, 0.15 h/ 1.45 h). Zurück auf demselben Weg (1.15 h/3.00 h).
Abstecher zum Gasthof Messner mit schönem Gastgarten in Unterglanig bei der Kirche St. Martin; wie auch der Noafer ganzjährig geöffnet (bei unserem letzten Besuch in den ersten Märztagen war der Gastgarten geöffnet und für einen Wochentag gut besucht). Über die Straße zwanzig Minuten, also eine Dreiviertelstunde mehr Gehzeit. Im Gegensatz zum Noafer hat der Messner eine wunderschöne Aussicht (3.40 h).

Tour 8 Der Signater Kirchsteig

S	1
Z	Ht
H	50 m/600 m; ca. 300 m/904 m
V	Flaumeichenvegetation mit Flaumeiche, Kastanie, Wacholder, Kiefer; im oberen Bereich auch submontane Anklänge – Fichte!
B	Im Hochwinter im oberen Waldbereich zuweilen Schnee
A/E	Bozen, Buslinie auf den Ritten, erste Haltestelle in Unterinn; Rückfahrt mit Bozner Stadtbus von der Haltestelle, die man direkt an der Einmündung der Rittner Straße in die Eisacktaler Straße erreicht
W	Unterinn, Signat
L	Tabacco-Karte 1:50 000, Bl. 3, Bozen - Welschnofen

Der Signater Kirchsteig ist ein sehr bekannter Wanderweg, und wer ihn im Frühherbst geht, wird ihn wohl kaum allein gehen. Große Attraktionen, wie auf vielen Wanderwegen im Weinbereich, sind die Buschenschenken. Man kommt zum Wandern, sicher. Aber doch vor allem zum Törggelen. Oder eben wegen beiden Genüssen, einer bedingt den anderen. Wer Wein im Keller hatte, steckte schon immer einen Buschen aus. Der St. Magdalener, der Rote Portugieser schmecken noch einmal so gut mit einem Speck vom Brettl, frisch gerösteten »Köschtn« (Eßkastanien oder Maroni, wie sie

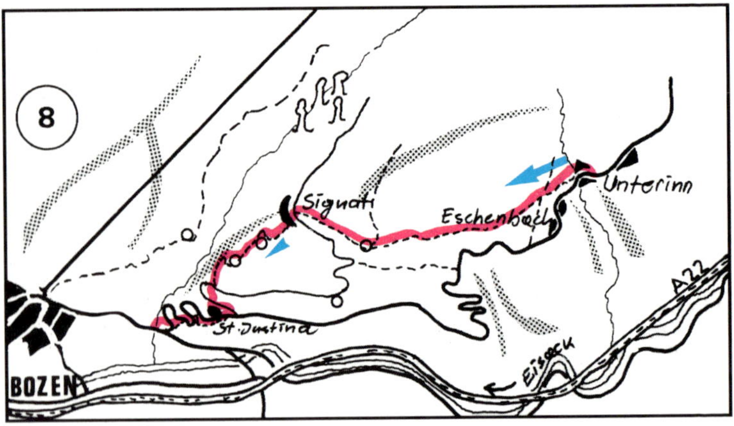

Signater Kirchsteig im Winter (Februar)

auch in Österreich heißen), frischen (Wal-)Nüssen, Schlutzkrapfen. Die Leute auf dem Hof müssen Zeit haben, wer ausgesteckt hat, ist deshalb noch kein Gastwirt, die Arbeit muß weitergehen. In Signat wird der gesamte Wein jedes Jahres an die durstigen Passanten ausgeschenkt, die meisten kommen natürlich per Auto, aber auch der Wandereranteil ist beträchtlich.
Die Rebsorten hier oben sind Vernatsch, Lagrein und Grauburgunder. Der Vernatsch übertrifft alle, und ein echter »St. Magdalener«, wie der Rote in der Bozner Gegend sich nennt, hat denn auch mindestens 90 Prozent Vernatschanteil. Der Vernatsch oder Großvernatsch (im Trentino nennen sie ihn Schiava, in Württemberg Trollinger) ist ein fruchtiger Roter mit hauchfeinem Bittermandelaroma, rubinrot bis granatrot. Zwei Drittel der Südtiroler Rebfläche werden vom Großvernatsch gehalten. Wer hier in Signat oder in Unterinn den Wein aus dieser Rebe probiert, weiß ein für allemal, daß die steilen Südhanglagen für den Großvernatsch das Beste sind, was er bekommen kann.
Der Weg von Unterinn nach Signat und hinunter ins Eisacktal ist im oberen Bereich ein ziemlich ebener, nur an einer Stelle einen Felsen erklimmender Wanderweg für alle Altersgruppen. Die Blicke

schweifen weit, man freut sich an der Natur und freut sich auf die Einkehr. Der Abstieg ist nur für die Tüchtigen, es geht steil hinunter. Wer im Frühjahr geht, findet die typischen Trockenheitsanzeiger der Bozner Gegend, die Graslilie, den Blutroten Storchschnabel und vor allem die Opuntie, die schon Anfang Mai Fruchtansätze aufweist. Kirsche, Birne und Wein begleiten den Wanderer, Genüsse für jede Jahreszeit. Dennoch: Wir ziehen den eigentlichen Winter vor. Vor allem bei Temperaturinversion: oben blauer Himmel, warm, Fernblick, unten die undurchdringliche Suppe. Schadenfreude ist eben doch die schönste Freude.

Der Weg

Man fährt mit einem der zum Ritten fahrenden Busse bis Unterinn, wo man bei der ersten Bushaltestelle aussteigt. Nun ca. 200 m zurück bis zu einer Brücke, hier findet man eine blau-weiße Markierung mit der 31A. Zuerst noch zwischen Häusern hindurch, dann durch Wald, führt dieser Weg nach Signat hinüber. Nach fünfzehn Minuten Gabelung, hier rechts, deutlich markiert. Eine Felsnase wird mit Stufen und gutem Geländer überwunden, bei Bildstock mit Bank belohnt herrliche Aussicht. Kurz darauf erreicht man einen Hof, hier hat man drei Weiterwege zur Auswahl, wir nehmen den

Blick von Signat in die Bozner Talweitung im Frühjahr (Mai)

Fahrweg nach links, er gabelt sich, und wir gehen wieder links weiter mit blau-weiß und 31A bis Signat (852 m, 1.00 h).
In Signat erreicht man eine Asphaltstraße, wenn man nach rechts geht, sieht man bald auf der anderen Talseite die Rittner Erdpyramiden. Nach links geht es am Gasthof vorbei bis zu einem Haus am unteren Ortsrand und dort mit Markierung 5, rot-weiß, nach rechts auf einen Weg. Wir folgen diesem Weg, queren immer wieder die Signater Straße und benutzen sie schließlich im letzten Stück vor St. Justina (ca. 450 m).
Wo man mit der Signater Straße die Rittner Straße erreicht, wendet man sich rechts und direkt beim ersten Haus auf der linken Seite wieder links. Der Weinbergweg, der hier beginnt, führt mit Querungen der Rittner Straße bis hinunter zur Bushaltestelle des Bozner Stadtbusses an der Straße durch das Eisacktal (ca. 300 m, 1.00 h/2.00 h) und zurück nach Bozen.

Gebiet 2
Überetsch und Unterland

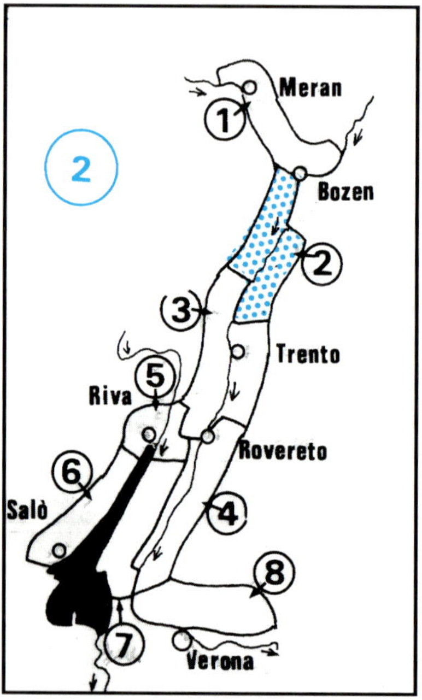

Rund um den Kalterer See, jeder weiß es, ist eine der wärmsten Zonen Südtirols und der südlichen Alpen. Der kleine, warme See ist in Weinberge und Flaumeichenbuschwälder eingebettet, gegen Westen geschützt durch die hohe Steilflanke von Mendel und Penegal, gegen Norden durch die Südtiroler Berge südlich des Alpenhauptkammes. Rund um den See liegen beliebteste Wandergebiete, in den besonders frequentierten Monaten Juni bis September überlaufen von Touristen aus allen germanischen Ländern, besonders aber von Deutschen. Nach dem Ende der Weinlese ist Schluß mit dem Touristenstrom. Das ist die Chance für uns Wanderer in der kühlen Jahreszeit. Leere Wege. Platz in den Gaststätten. Aussichtspunkte ohne fotografierende Konkurrenz, die immer dann ins Bild kommt, wenn man gerade abdrückt. Und vor allem: Es ist warm, aber nicht heiß, trocken, aber nicht so kreuztrocken, daß man nur noch an ein Bier denken kann. Ob im Weinberg oder im Flaumeichenwald, die Umgebung ist schneefrei. Und man hat den besonderen Bonus winterlicher Fernsicht. Nicht nur im Herbst kann man diese ganz besonders klare und durchsichtige Südtiroler Luft genießen, und nicht nur auf den Skibergen hat man sie im Winter. Immer wieder sind wochenlang die Konturen der Berge jenseits der Etsch wie mit einem Meißel in den Himmel geritzt und so nah, daß man meint, ganz schnell drüben zu sein, wenn man sich nur die Mühe nimmt, erst einmal zu starten.

Karten für die Touren in diesem Gebiet:

Carta d'Italia 1:50 000, N. 26, Appiano, N. 43, Mezzolombardo; Wanderkarte Tabacco 1:50 000, Bl. 7, Fleimstal - Mendel, Bl. 3, Bozen - Welschnofen; Kompass-Karte 1:50 000, Bl. 54, Bozen, Bl. 74, Tramin - Cavalese

Tour 9 Vom Kalterer See durch das Frühlingstal zu den Montiggler Seen

S	1
Z	Ht
H	300 m/300 m; 214 m/519 m
V	Insubrisches Klima (Schluchtwald, Flaumeichenwald, Hopfenbuchen-Kastanienwald)
B	Während des Hochwinters im Frühlingstal streckenweise Vereisungen, um die Montiggler Seen möglicherweise dünne Schneedecke
A/E	Gasthöfe Gretl am See bzw. Seegarten am Kalterer See
W	Gasthöfe an den Seen, Brunnen auf halber Strecke
L	Lageskizze auf Seite 67

Wann die schönste Zeit für diese kleine (und beliebte) Wanderung ist? Selbstverständlich wenn die Frühlingsknotenblumen (Leucojum vernum) blühen! Das ist im März der Fall, wenn die Bäume noch nicht ausgeschlagen haben und wenn auch die Hohe Schlüsselblume (Primula elatior), das Leberblümchen, das Blaue Lungenkraut (Pulmonaria angustifolia) und das Gold-Milzkraut (Chrysosplenium alternifolium) noch genügend Licht erhalten, um blühen zu können. Später, wenn die Bäume in der ersten Aprilhälfte ihre Blätter bekommen, Hainbuche, Hopfenbuche, Esche, Weiden und Pappeln, blühen Buschwindröschen und Salomonssiegel, Sauerklee und Lerchensporn, aber auch noch immer das Blaue Lungenkraut und das Leberblümchen (Anemone epatica), daneben die Stengellose Primel und die ersten Waldveilchen. Im schattigen Tal läuft ein klares Bächlein, es soll hier Feuersalamander geben, wie die Tafel behauptet, die über das geschützte Biotop »Frühlingstal«/»Valle di Primavera« informiert.
Diese Wanderung führt durch ein besonders reizvolles Stück Erde, das Tal überrascht durch seinen Schluchtwaldcharakter, sind doch die Täler im Porphyr des Mitterberges meist trocken und von lockerem Flaumeichenbuschwald bestanden. Für Kinder ist das

Frühlingstal ein wahres Paradies, nur muß man damit rechnen, daß man nie ans Ende der vorgeschlagenen Wanderung kommt, es gibt zu viele Stellen, bei denen man halten und am Wasser planschen kann. Vielleicht hilft das Lockmittel einer Marende am Großen Montiggler See und der Hinweis, daß man ja nachher wieder hier vorbeikommt ...?

Der Weg

Von den Gasthöfen am Kalterer See (Gretl am See, Gasthof Seegarten; große Parkplätze, 214 m) geht man in nördlicher Richtung entlang dem Seeufer und erreicht den Fahrweg, der zum Ostufer hinüberführt. Wo man die Ostuferstraße erreicht, steigt man die hier abzweigende Straße nach Laimburg hinauf und findet nach 120 m auf der linken Seite der Straße ein Schild »Kasterneienweg zum Frühlingstal 20« (ca. 250 m, 0.30 h). Das hier beginnende Forststräßchen führt zunächst flach durch Flaumeichenwald und erreicht bald das Frühlingstal, wo sich die Vegetation schlagartig ändert.

Im Frühlingstal Informationsschilder, nach links, entlang dem Bach, kurzer »Frühlingsknotenweg«. Bachaufwärts geht unser Weg weiter, eine Steilstufe wird mit Treppen überwunden, oben Querung einer (asphaltierten) Forststraße, Brunnen (425 m, 0.45 h/1.15 h). Der immer gut markierte Weiterweg führt noch ein Stück durch das Tal und tritt dann unterhalb von Montiggl in eine liebliche Apfelbaumlandschaft ein, die am Rande eines aus Lärchen, Tannen, Hopfenbuchen und Edelkastanien bestehenden Waldes rechts umgangen wird.

Sobald man eine Asphaltstraße erreicht, folgt man ihr nach rechts (Schild »Montiggler See«) und erreicht bald die Gasthöfe am Großen Montiggler See (490 m, 0.35 h/1.50 h). Hinter dem Gasthof Moser beginnt ein gut beschilderter Rundweg (»Waldlehrpfad 1.30 h«), die dazugehörige Broschüre bekommt man im Verkehrsamt in Kaltern. Den Oberen See erreicht man auf diesem Rundweg (519 m) und ist nach einer guten Stunde wieder zurück am Ausgangspunkt (490 m, 1.10 h/3.00 h). Rückweg auf dem Hinweg (1.20 h/4.20 h).

Tramin

Blick vom Aussichtspunkt unter dem Kleinen Steintal auf den Kalterer See (März)

Tour 10 Durchs Kleine Steintal

S	1
Z	Ht
H	350 m/350 m; 214 m/ca. 530 m
V	Insubrische Vegetation (Schluchtwald, Flaumeichenwald, Hopfenbuchen-Kastanienwald; Trockenrasen)
B	Im Kleinen Steintal manchmal dünne Neuschneedecke, im Aufstiegstal manchmal vereiste Stellen
A/E	Gasthöfe Gretl am See und Seegarten am Kalterer See
W	Brunnen nach 1.15 h, sonst kein Wasser und keine Verpflegungsmöglichkeiten

Durchs Kleine Steintal auf dem Unterberg führt ein Schotter-sträßchen, dann ein schmaler Fahrweg, dann ein Weg – schließlich meint man, die Spur verloren zu haben. Ein Felsen wird umrundet, dann plötzlich öffnet sich der hier besonders trockene und buschige Flaumeichenwald. Ein Felsen über dem Steilhang erlaubt den

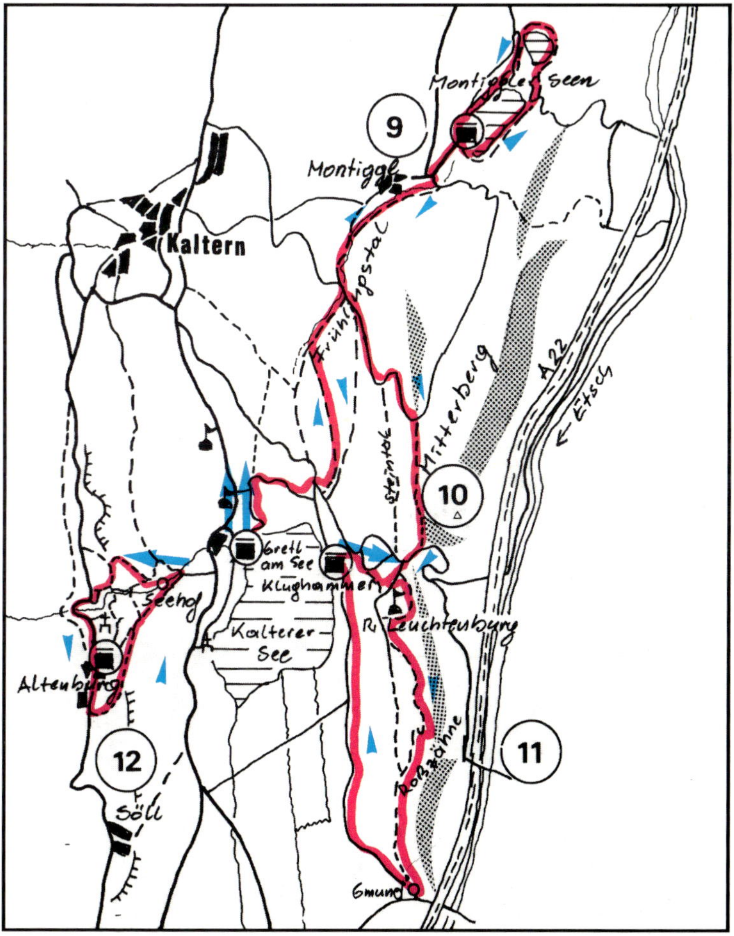

Blick ins Land, und es ist ein phänomenaler Blick, der Höhepunkt und das eigentliche Ziel unserer Tour! Unter uns leuchtet der Kalterer See, darüber stehen die Berge mit ihren steil zum Überetsch abfallenden Flanken, Roen und Penegal, dazwischen der Mendelpaß. Links vom See erheben sich der bewaldete Mitterberg (sein höchster Punkt ist nur wenig höher als unser Standort) und die Ruine Leuchtenburg, die sich genau vor uns etwa in unserer Höhe befindet. Über dem Fernblick vergesse man nicht die unmittelbare

Umgebung, die extrem trockenen Porphyrfelsen der Südhänge, die wärmsten und am sichersten schneefreien Hänge weit und breit sind nicht vegetationslos. Fetthenne und Hauswurz gedeihen hier, auf den Trockenrasen weiter unten blühen schon sehr früh, oft noch im Februar die Küchenschelle (Pulsatilla montana), ein wenig später das Schopfträubel (Muscari comosum), und im April öffnen sich die gelben Blüten des winzigen Sonnenröschens (Helianthemum sp.) sowie die weißen Sterne der Astlosen Graslilie (Anthericum liliago). Das genügt noch nicht? Auf dem Hinweg wird das Frühlingstal durchwandert (vgl. Tour 9), statt gleich abzusteigen, kann man noch die Leuchtenburg »mitnehmen« (vgl. Tour 10), einen Tagesausflug zusammenstellen, das Picknick wird im Rucksack mitgenommen: Speck, Brot, ein Apfel, eine Flasche Lagreinkretzer. Aussichtsplätze gibt es genug, an denen es sich rasten und vespern läßt …

Der Weg

Man beginnt die Wanderung bei den Gasthöfen am Kalterer See (214 m) und geht zunächst wie in Tour 9 beschrieben bis zur querenden Forststraße im Frühlingstal (ca. 425 m, 1.15 h). Dort aber nicht im Tal weiter, sondern nach rechts auf die asphaltierte Forststraße, wo sie im großen Bogen nach links führt, geradeaus weiter auf Fahrsträßchen (Schild »Plon«). Auch dieses Sträßchen windet sich nach links, und wieder geht es geradeaus weiter auf Weg (Schild »Kleines Steintal«). Nun wird's enger und steiniger, wie der Name ja schon andeutet, aber weiterhin kommt man ohne Niveauveränderungen weiter, bis man über einem Steilhang steht, den man mehr ahnt als sieht (ca. 530 m, 0.45 h/2.00 h). Nun in den Hang und im Bogen nach rechts unter einem Felsen hindurch. Man meint, nach rechts geführt zu werden, entdeckt dann aber einen Fußweg nach links, der zügig durch den Steilhang hinunter führt zur Straße Kaltern–Laimburg, in seinem obersten Bereich an zwei Stellen die herrliche Aussicht gewährend, die wir oben beschrieben haben. Zuletzt führt dieser Weg durch Weinberge (Achtung, während der Weinlese möglicherweise gesperrt!). Nun auf einem gegenüber der Einmündung in die Asphaltstraße (ca. 380 m, 0.15 h/2.15 h) beginnenden Forststräßchen weiter, in den Wald hinein und rechts hinunter auf markiertem Wanderweg 13B (Schild »Klughammer«) zum See, wo wir auf der Ostuferstraße und dem bereits auf dem Hinweg eingeschlagenen Verbindungssträßchen zum Westufer (214 m, 0.45 h/3.00 h) zurückwandern.
Sie wollen nur den Steilhang besteigen und von oben das Panorama genießen? Wer von Kaltern kommt, findet knapp unter dem Paß eine nach rechts abzweigende Forststraße, auf der anderen Straßenseite findet sich die Markierung 5/6 und fünf Meter dahinter ein Gatter, bei dem unser Weg beginnt!

Tour 11 Auf die Ruine Leuchtenburg und zu den Roßzähnen

S 1
Z T
H 500 m/500 m; 214 m/608 m
V Insubrische Vegetation (Flaumeichenwald, Hopfenbuchen-Kastanienwald, Trockenrasen)
B Im höchsten Bereich um die Roßzähne manchmal dünne Schneedecke
A/E Gasthof Klughammer am Kalterer See
W Gasthof Klughammer, später kein Wasser, keine Verpflegungsmöglichkeiten
L Lageskizze auf Seite 67

Für eine Wanderung auf die Leuchtenburg sind Winter und Frühling genau die richtigen Jahreszeiten, die Armen, die dort an brennend heißen Sommertagen hinaufpilgern, sind zu bemitleiden. Abgesehen von der Frühlingszeit wirkt der Eichen- und Edelkastanienwald hier wie verbrannt, schwarze Stämme, trockener Boden, fehlendes Unterholz bewirken diesen Eindruck. Besonders im Winter ist es hier mild, der Kalterer See ist nicht nur im Sommer der wärmste Alpensee, und gerade im Winter genießt man die südgerichtete Lage des Mitterberges, auf dem sich die Ruine Leuchtenburg erhebt. Und dann die Aussicht von der Unterburg!
Die Ruine Leuchtenburg besteht heute fast nur noch aus der unzugänglichen, enorm hoch und unnahbar wirkenden Hauptburg, deren Eingangstor vermauert wurde. Die von niedrigeren Mauern umgebene Unterburg hat keine deutlichen Gebäudeüberreste mehr aufzuweisen. Man blickt von hier auf den Kalterer See, von dessen Westufer man die Ruine vielleicht zum erstenmal gesehen hat. Jeder Besucher kennt sie als die Bekrönung der grünen Waldkuppen im Hintergrund des Sees, des Mitterbergzuges. Die Burg war in vielen Händen, eine in Resten erhaltene vorgeschichtliche Wallburg deutet auf vorrömische Besiedelung. Im Mittelalter wurde der heutige Bau durch die Bischöfe von Trient errichtet, denen das Gebiet um Kaltern gehörte. Die Tiroler erweiterten hier ihr Gebiet peu à peu auf Kosten des Bistums Trient. Nach der vorübergehenden Besetzung des Fürstbistums verlief die Grenze seit 1284 am Südufer des Kalterer Sees, blieb doch Tramin (neben Kronmetz, heute Mezzocorona, einer der wenigen deutschsprachigen Orte, auf die das zutrifft) weiterhin in Trentiner Hand.

Leuchtenburg und Kalterer See vom Aussichtspunkt unter dem Kleinen Steintal (April)

Der Weg

Von »Klughammer« (214 m) an der östlichen Uferstraße des Kalterer Sees führt der ausgezeichnet markierte Weg 13 hinauf zur Leuchtenburg (214 m). Nach einer dreiviertel Stunde wird ein querendes Forststräßchen erreicht (ca. 420 m, 0.45 h), jenseits geht es mit 13B steil hinauf zur Leuchtenburg. Wer sich diese schweißintensive Tour nicht zumuten will, der geht zunächst auf dem Forststräßchen und mit 13C nach rechts (eine große S-Kurve wird abgeschnitten) und dann mit 13A wieder nach links (Schild »Leuchtenburg 25'«) zur Burg. Der Bergfried der Burg ist baufällig und nicht zu besteigen. Man geht, wenn man über 13B gekommen ist, etwa 20 Minuten zur Burg, über 13C und 13A etwa 40 Minuten (576 m, 0.20 h/1.05 h bzw. 0.40 h/1.25 h). Vom nördlichen Teil der Unterburg geht es im Rechtsbogen zurück zur Forststraße und mit 13C (Schild »Roßzähne 70'«) weiter zu diesen (608 m, 1.15 h/2.20 h bzw. 2.40 h) und mit derselben Markierung, zuletzt über Weg und Treppen hinunter, nach Gmund genau südlich des Mitterberges (220 m, 0.40 h/3.00 h bzw. 3.20 h). Von hier auf der asphaltierten Straße entlang dem Mitterbergfuß in einer Stunde zurück zum Klughammer (4.00 h bzw. 4.20 h).

Tour 12 Vom Kalterer See nach Altenburg

S	2
Z	Ht
H	350 m/350 m; 276 m/614 m
V	Im unteren Bereich insubrische Vegetation (Flaumeiche, Hopfenbuche), im kühleren Hangbereich mitteleuropäischer Wald (Rotbuche)
B	Eventuell im oberen Hangbereich Probleme nach Neuschnee – Rutschgefahr! Auf der Altenburger Verebnung manchmal Altschneedecke.
A/E	Häusergruppe beim Voglmeierhof westlich der Weinstraße zwischen Kaltern und Tramin
W	Wasser und Verpflegung in den Gasthöfen von Altenburg
L	Lageskizze auf Seite 67

Zehntausende besuchen jedes Jahr den kleinen Weiler Altenburg über dem Kalterer See, bewundern die Aussicht und stärken sich im Gasthaus, bevor sie wieder ins Auto steigen oder, seltener, weiterwandern. Die meisten kommen zur falschen Jahreszeit. Gewiß, dieser wunderschöne Weg hinauf nach Altenburg und wieder hinunter oder auch der Weg herüber von Kaltern auf dem sogenannten Altenburger Wanderweg sind schattige Waldwanderungen, man kann auf ihnen wunderbar der Sommerhitze entfliehen. Aber noch schöner sind sie im Herbst oder gar im Frühjahr, an Tagen mit weitem Blick in glasklarer Luft im späten Oktober oder November, ja sogar noch im Dezember, an milden Frühjahrstagen mit ganz frischer Vegetation, dem Diptam unten am Waldrand, der Hirschzunge in der Schlucht, der Kuckucksblume oben im Buchenwald ... Und im Winter hat man diese Wege ganz für sich allein, hat die besten Blicke, weil keine dichten Blattkronen die Aussicht behindern, genießt die Wärme und die Einsamkeit.
Was gibt es zu sehen auf unserem Weg? Nehmen wir einmal die Natursehenswürdigkeiten: ein rauschender Bach in enger Schlucht mit Wasserfällen, steilen Wänden, Wegen auf Leiterchen und (sicheren) Brücken, Schluchtvegetation in der Rastenbachklamm und hitzegewohnte Eichenbuschvegetation im unteren Hangbereich, Rotbuchen- und Hainbuchenwald im oberen Teil. Feuersalamander im feuchten Bereich, Smaragdeidechse im heißen Bereich. Besonders eindrucksvoll ein paar Überreste menschlicher Siedlung in diesem Gebiet: ein Schalenstein mit kreisrunden Vertiefungen (Wofür? Wie alt? Vorgeschichtlich?). Wer von der Klamm direkt nach St. Vigil und Altenburg aufsteigt, kommt an ihm vorbei. Die Ruinen von St. Peter, einer frühmittelalterlichen,

wenn nicht spätantiken Kirche, findet der Wanderer vor sich, der den Schildern mit der 2 von der Klamm bzw. von Altenburg her folgt. In den Ruinen befindet sich in der Nähe der Apsis eine gehauene Vertiefung in einem Stein, von dem es heißt, daß hier der heilige Vigil, Bischof von Trient, geruht habe, wenn er in der Gegend gewesen sei. Was war der Stein wirklich? Vielleicht ein Opferstein? – Schließlich die Kirche des heiligen Vigil in Altenburg mit ihrem eindrucksvollen Außenfresko. Es stellt die Legende der heiligen Kümmernis dar (in Südtirol sagt man »Kummernus«), die früher vielerorts verehrt wurde (so in St. Gangolf in Bamberg). Man sieht einen Gekreuzigten im langen Hofgewand, wie es auf byzantinischen Darstellungen für Christus, den Pantokrator, den Allherrscher verwendet wird, dessen Kleidung der des irdischen Kaisers entspricht. Es heißt, daß deutsche Abgesandte, die in Lucca die dortige Darstellung Christi am Kreuz, den »Volto Santo«, kennenlernten, nicht an eine Christusdarstellung glauben konnten, schließlich hatte der Gekreuzigte bei ihnen zu Hause immer nur einen Lendenschurz an, hier aber hing eine bärtige Person in langen Gewändern am Kreuz. Messerscharf schloß man, es müsse sich wegen des langen Gewandes um eine Frau handeln, und weil man sich das nicht erklären konnte, schuf die Volksfrömmigkeit ihre eigene Erklärung und machte aus dem Volto Santo die heilige Kümmernis, eine standhafte Heilige, die, um ihren Glauben und ihre Unschuld zu retten, darum bat, in einen Mann verwandelt zu werden, und, siehe da, es wuchs der Bart …
Der kleine Geiger gehört zur heiligen Kümmernis wie der Schlüssel zum heiligen Petrus. Es heißt, die Heilige habe Mitleid mit einem armen Geiger gehabt, der vor ihr spielte, da warf sie ihm einen goldenen Schuh zu. Mit dem Besitz des goldenen Schuhs setzt sich der Geiger dem Verdacht aus, ihn gestohlen zu haben, und soll hingerichtet werden. Er bittet, noch einmal vor der Heiligen spielen zu dürfen, da wirft sie ihm den zweiten Schuh auch noch hin.

Der Weg

Von der Südtiroler Weinstraße nimmt man die kurze Stichstraße zum Vogelmeierhof. Kommt man von Kaltern, zweigt sie 400 m nach der Straße zum Seeufer rechts ab. Nach 400 m erreicht man die Häuser um den Vogelmeierhof, wo sich das Sträßchen gabelt (276 m). Links geht es mit der Markierung 14 »Nussental« weiter, rechts mit der 10 und der 13 »Bärentalwanderweg Rastenbachklamm nach Altenburg«. Wir nehmen den rechten Weg, bleiben mit der 13 bis zu den letzten Häusern auf der Straße und werden dann von der ausgezeichneten Markierung in den lichten Wald auf der Sonnenseite des Rastenbaches (oder Altenburger Baches) gelenkt. Bei Eis und Schnee in der Schlucht bleibt man bis zur Höhe von Al-

tenburg auf der 13 und macht vielleicht nur einen Abstecher zum Großen Wasserfall; ist nicht mit vereisten Stellen zu rechnen, kann man im oberen Teil auf die 1B oder 1 ausweichen und direkt in die Schlucht gehen, kommt dann aber auf sehr steilem Serpentinenweg aus der Schlucht heraus und auf die Asphaltstraße Kaltern–Altenburg–Söll–Tramin. Die 13 (und 1 sowie 1B) mündet auf einem Parkplatz (ca. 595 m, 1.15 h), hier links auf die Asphaltstraße und im Bogen durch das Rastenbachtal oberhalb der Klamm, bis vor uns der Weiler Altenburg mit der Kirche des heiligen Vigil, des Schutzheiligen des Trentino, auftaucht.
In Altenburg zur Kirche (614 m, 0.20 h/1.35 h) und links davon zum Aussichtspunkt mit wirklich atemberaubender Aussicht auf Unterland, Überetsch und Berge jenseits davon bis in die Dolomiten. Von hier weist nach links das Markierungsschild in die Rastenbachklamm und zur Ruine von St. Peter. Im Hochwinter werden wir uns wohl wieder umdrehen und zur Asphaltstraße zurückgehen. Ist diese erreicht, geht man nach links bis zum neuen Feuerwehrhaus (ca. 600 m, 0.15 h/1.50 h), dort weist die 14 »Nussental« nach unten, sie führt uns zurück an unseren Ausgangspunkt (276 m, 1.00 h/2.50 h).

Tour 13 Von Kurtatsch nach Graun

S	2
Z	Ht
H	450 m / 450 m; 335 m / ca. 760 m
V	Insubrische Vegetation (Flaumeichenwald, Kiefer), auf der Grauner Terrasse kühler (Hopfenbuche, Mannaesche)
B	Im Hochwinter manchmal auf dem Grauner Plateau dünne Schneedecke, der Hang ist eigentlich immer schneefrei
A/E	Kurtatsch
W	Gasthof in Graun

Was in Kaltern und Tramin hektische Züge annimmt, verläuft in Kurtatsch noch in etwas zurückhaltender Form: der alles überwuchernde Tourismus. Insbesondere die zu Kurtatsch eingemeindeten Dörfer Graun und Entiklar sind noch einigermaßen abseits der touristischen Hauptlinien. Wenn man Graun von Kurtatsch aus gar zu Fuß ansteuert, insbesondere in der kühlen Jahreszeit, wenn man ganz allein unterwegs ist, bekommt man ein Bild von einem Südtirol, wie es früher einmal gewesen sein mag: Die einzigen Menschen, die man trifft, und sie nur in den Weinanbauzonen am Fuß des Grauner Bergs, sind die Weinbauern, die ihre Reben schneiden und den Abfall (illegal) verbrennen. Keiner geht mehr zu Fuß, die Fußwege bleiben uns Wanderern.

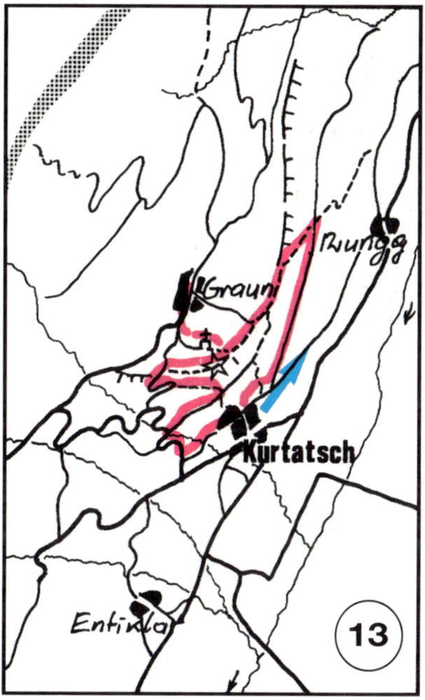

Umfassend der Blick vom Aussichtsbalkon Sitzkofel, an klaren Tagen sieht man bis in die Dolomiten! Unser Weg geht durch trockenen, warmen Buschwald mit vorwiegend Flaumeichen und überständigen Kiefern auf die Hochfläche von Graun. Die Kante ist felsig, an einigen Stellen überhängend und in Blöcke aufgelöst, so im »Grauner Loch«. Entlang der Kante hat sich Wald gehalten, Hainbuchen, Hopfenbuchen vor allem. Der Abstieg führt zunächst durch ein etwas kühleres Tal, dann auf dem Fußweg wieder durch warmen Flaumeichenbuschwald – der Wein klettert beim südlich gelegenen Magreid bis auf 1000 m hinauf. Wie sollte es hier nicht warm sein, geht doch unsere Wanderung nicht einmal auf 800 m!

Der Weg

In Kurtatsch geht man von der Ortsmitte (Verkehrsamt, ca. 335 m) ins alte Dorf hinauf, im obersten Ortsteil wendet man sich auf die alte Straße nach Rungg und Tramin. Nach etwa 400 m zweigen links zwei Wege ab, wir nehmen den zweiten mit WK bzw. 5A bezeichneten und nach 300 m auf diesem Weg den wiederum links abzweigenden Bergweg 5A. Er führt allmählich ansteigend durch die Südosthänge unter dem Plateau von Graun. Bei der Querung mit dem alten Lochweg (Schild »Graun«, ca. 550 m, 0.50 h) wenden wir uns links und steigen nun steiler zu den Felsen des Grauner Lochs hinauf (ca. 740 m, 0.30 h/1.20 h). Der Weg führt nun nach links und bleibt im Prinzip immer in der Nähe des Abbruchs, die einzeln stehende Kirche St. Georg kommt in Sicht und mit ihr der von einer Fahne gekennzeichnete Aussichtspunkt des Sitzkofels (ca. 760 m, 0.30 h/1.50 h). Weiter entlang dem Absturz, nun nach

rechts drehend, bis man eine Asphaltstraße erreicht, die vom Plateau hinunterführt nach Kurtatsch. Es ist der alte, überflüssigerweise mit der 1 gekennzeichnete Grauner Weg. Auf dieser Straße steigen wir ab, bis wir in einer scharfen Rechtskurve ein Schild sehen, das uns nach links hinunter weist auf den »Bergweg 1« (ca. 760 m, 0.20 h/2.10 h). Dieser Weg führt uns durch Flaumeichenbuschwald flott hinunter auf eine Forststraße, der wir nach links folgen, bis wir unseren Aufstiegsweg erreichen, den Bergweg 5A, auf dem wir zu unserem Ausgangspunkt zurückkehren (0.30 h/2.40 h).

Tour 14 Auf der Katzenleiter von Auer nach Aldein

S	2
Z	Ht (als Rundwanderung T)
H	650 m/ 650 m; 260 m/880 m
V	Bis Karnol insubrisch mit vielen mediterranen Arten, darüber mitteleuropäischer Mischwald mit Hopfenbuche
B	Bis Karnol praktisch immer aper, darüber manchmal dünne Schneedecke. Im seltenen Fall einer Neuschneedecke auf der Katzenleiter ist von der Begehung abzuraten.
A/E	Auer
W	Auer; Wasser: Karnol und Steinhaus, Gasthaus Schneider an der Aldeiner Straße

In Graun

Die zwei Wege unseres Wandervorschlags, die »Katzenleiter« bis zum Hof Karnol und der Karrenweg, der von Auer dort hinaufführt, um uns weiter nach Aldein zu bringen, sind altehrwürdige Wege. Die Katzenleiter ist vielleicht schon in vorrömischer Zeit entstanden. Dieser Treppenweg führt nämlich zu einer Kuppe hoch über dem Etschtal, die noch heute Schloßberg heißt und auf der sich Reste einer alten Befestigung befinden. Die »Katzen« im Namen Katzenleiter sind nicht so wörtlich zu nehmen, es handelt sich um eine Verballhornung aus der vorrömischen Silbe »kas-«, die auch im römischen »castellum« drinsteckt und die im ursprünglichen Sinne »Befestigung« bedeutet. Katzenleiter ist also ein steiler Treppenweg zu einer Befestigung. Der Karrenweg wurde erst gebaut, als nach der bayerischen Landnahme oberhalb von Auer ganzjährige Siedlungen entstanden, die Höfe und Dörfer der heute Reggelberg genannten Landschaft um Aldein. Dieser Weg, dessen heutige Pflasterung in Teilen noch vor der Jahrtausendwende vorgenommen wurde (!), läuft durch die steile Wand etwas nördlich des Katzensteiges. Über ein Jahrtausend wurde auf diesen beiden Wegen aller Verkehr abgewickelt, gingen Lasten mit Saumtieren und einfachen Karren von der Ebene auf den Berg und umgekehrt, wurde Galtvieh aus Aldein zur Winterweide ins Etschtal getrieben, gingen die Bauern des Reggelberg an den wichtigen Feiertagen und zu Taufe, Hochzeit, Begräbnis hinunter nach Auer, war doch Aldein nur ein Vikariat von Auer.
Wenn wir über die ausgezeichnet gebaute und gesicherte Katzenleiter fast unheimlich schnell aus dem warmen Tal hinaufsteigen, haben wir am Winternachmittag die Sonne im Rücken, und die Landschaft vor uns ist hell und klar beleuchtet. Man sollte nicht zu spät starten, die Tage sind nicht lang, aber auch nicht zu früh, der Steig sollte schon in der Sonne liegen. Im Sommer ist es umgekehrt, je früher man ihn betritt, desto besser, denn am Nachmittag wird die Hitze mörderisch. Schon bei einer Begehung Mitte Mai haben wir mehrfach Schlangen beobachtet, wie wahrscheinlicher ist ein Schlangenkontakt im Sommer! Dennoch: Keine Angst vor Schlangen, wenn sie die Vibrationen fühlen, die der Schritt des herannahenden Wanderers verursacht, verziehen sie sich im Gebüsch. Vorsicht mit Kindern, diese nicht vorauslaufen lassen, im unteren Teil allein schon wegen der Exposition!

Der Weg

In Auer wendet man sich zur Marienkirche (260 m) unter den steilen Wänden, die das Etschtal von Norden hierher begleiten. Ein hier beginnendes Sträßchen namens Wasserfallweg führt von hier noch näher an die senkrechten Felsen heran, endet unvermittelt an einem E-Werk. Hier geht rechts ein Treppchen auf die große Mauer,

Blick auf das Etschtal in Richtung Mitterberg von der Katzenleiter oberhalb Auer

die Vermurungen des Hohlenbachs oder Schwarzenbachs verhindern soll. Eine Fußgängerbrücke erlaubt den Blick in die Schlucht mit Wasserfällen. Wir bleiben mit der Markierung 2 auf der Mauerkrone und beginnen nach ein paar dutzend Metern den sehr steilen Treppenanstieg der »Katzenleiter«. Der Anfang der achtziger Jahre voll renovierte Treppenweg erlaubt bei absoluter Sicherheit für den Begeher schwindelerregende Tiefblicke auf das Etschtal und in die Schlucht. Da der Aufstieg im untersten, steilsten Stück wie auch später häufig unter Bäumen verläuft, schließlich bei sich zurückneigendem Rücken fast durchgehend Wald beginnt, ist er vielleicht weniger schweißtreibend, als man von unten her befürchten mußte. Die Kuppe des Schloßberges (656 m,1.20 h) wird links umgangen, und man erreicht die Verebnung des Hofes Karnol mit dem von links heraufziehenden Karrenweg (Markierung 1). Über Karnol (ca. 670 m) steigt man durch Wald zum Steinhaus auf südgerichteter Lichtung (802 m, 0.40 h/2.00 h) und erreicht von dort aus bald die Straße Auer–Aldein bei der Bushaltestelle Gasthaus Schmieder (ca. 880 m, 0.15 h/2.15 h).

Gebiet 3
Die Rotaliano-Ebene und das Etschtal zwischen der Salurner Klause und Rovereto

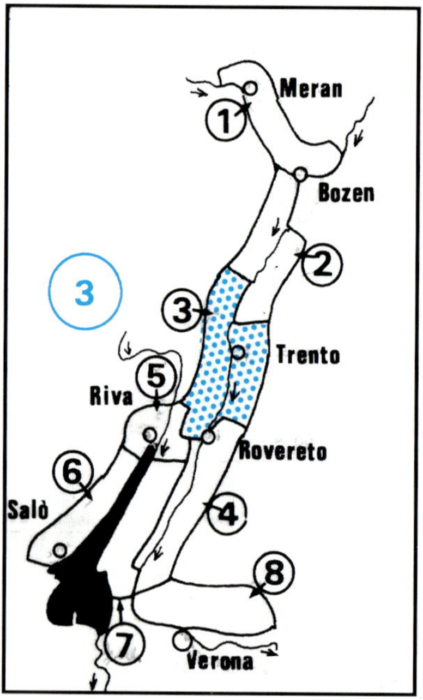

Der Wein dominiert die Rotaliano-Ebene bei Mezzocorona und das Etschtal hinunter nach Trient. Bei Mezzocorona, wo Etsch und Noce zusammenfließen, ist eine große, fruchtbare und sonnengetränkte Ebene, nach Süden offen, mit steiler Felswand im nördlichen Rücken, die böse Winde aus dem Norden abhält. Im Nonstal werden Äpfel angebaut, dieselben Sorten und im selben Klima wie in Südtirol, die wärmsten Orte aber widmet man dem Wein. Einige dieser Weine sind nur in diesem Gebiet zu finden oder allenfalls ein paar Fußwegstunden weiter nördlich und südlich. Das ist zum Beispiel der berühmte Teroldego, der in der Rotaliano-Ebene als Teroldego Rotaliano seine besten Qualitäten erreicht. Das ist der Marzemino, dessen Erwähnung in Mozarts Don Giovanni sicher zu seiner Bekanntheit beigetragen hat. Vor geraumer Zeit haben wir einen 88er der Grafen Bossi-Fedrigotti getrunken, sanft und fruchtig, granatrot mit orangen Reflexen gegen das Licht. Das ist eine so seltene und so duftige Rebe wie der Moscato Rosa, der Rosenmuskateller, den wir kürzlich in einer Abfüllung der Winzergenossenschaft Mezzocorona getrunken haben, die ihn erst jetzt wieder in ihr Programm

aufgenommen hat, nachdem er vorher fast in Vergessenheit geraten war. Mit einem guten Nonstaler Käse schmecken diese Weine natürlich noch einmal so gut.
Käse? Wein? Sind Sie im falschen Buch? Beileibe nicht, und es geht auch schon wieder weiter mit unseren Bemerkungen zum Wandern in der kühlen Jahreszeit. Wir dachten nur an die Brotzeiten vorher, zwischendurch und nachher und die Genüsse, die sie hier darstellen ... Gut. Über der Ebene stehen nahezu senkrechte Felsfluchten, die der Gletscher der letzten Eiszeiten kräftig bearbeitet hat. Keine dieser Wände scheint für Normalwanderer bezwingbar zu sein. Dennoch hat man sie schon vor langer Zeit bezwungen, als im Mittelalter (meist deutschsprachige) Siedler das Land da oben zu roden begannen. Selbst auf den »Monte« von Mezzocorona, die nur über die schwindelerregend steile Felswand über dem Ort erreichbare Sommersiedlung, führt ein jedem Normalwanderer zugänglicher Weg. Nach Garniga, nach Pai, auf den Dosso della Soga bei Besenello führen andere Wege durch schier unzugängliche Wandfluchten. Und wo sie nach Süden ausgerichtet sind, kann man sie im Winter völlig schneefrei begehen und die abstrahlende Wärme der Wand genießen. Leider hat man einige Zufahrtswege asphaltiert, einen (den auf den Dosso della Soga) haben wir dennoch unter unseren Vorschlägen behalten, er hat eine großartige Aussicht und ist so warm, daß wir es einfach nicht übers Herz brachten, ihn auszusortieren.

Die senkrechten Felsen oberhalb von Mezzocorona; genau in der Mitte befindet sich die Kabine der Seilbahn auf den Monte (Aufnahmestandort auf etwa 950 m Höhe).

Tour 15 Von Mezzocorona auf den »Monte«

S	3
Z	T
H	700 m/700 m; 219 m/891 m
V	Unten insubrische Vegetation mit vielen mediterranen Trockenheitsanzeigern, darüber trockener mitteleuropäischer Kiefernwald der submontanen Stufe
B	An kalten Tagen nach längeren Schlechtwetterperioden oder bei Tauwetter Vereisungsgefahr in den oberen Bereichen über 700 m
A/E	Mezzocorona an der Bahnstrecke Bozen–Trient, der Monte ist mit Seilbahn erreichbar: derzeit 1. Oktober bis 31. März an Werktagen Pause zwischen 8.30 und 11.30 und 12.30 bis 13.30 Uhr, an Festtagen nur Mittagspause. In der übrigen Zeit nur an Festtagen Pause von 9 Uhr bis 11 Uhr.
W	Trattorien in Mezzocorona und auf dem Monte (Achtung, lange Winterschließzeiten möglich!)
L	Italienische Karte 1:50 000, Bl. 43, Mezzolombardo

Der »Sentiero della Calcàra« oder einfach Sentiero Monte mit der Nummer 504 führt aus der Rotaliano-Ebene von Mezzocorona 650 Höhenmeter hinauf nach Monte di Mezzocorona, dabei die von unten her kaum überwindbar erscheinende Felswand relativ einfach bewältigend, gangbar für jeden schwindelfreien Bergwanderer. Soweit die nackten Fakten. Die Realität ist eindrucksvoller. Der Panoramaweg auf den Monte di Mezzocorona beeindruckt durch seine Ausblicke und Tiefblicke, die Brentagruppe, Paganella, Monte Calisio nördlich von Trient, Fleimstaler Berge, Rotaliano-Ebene, Etschtal und Salurner Klause umfassen. Die Ausgesetztheit mancher Passagen im oberen Teil verstärkt den Reiz des Weges, die hölzernen Geländer sind erst vor kurzem neu errichtet worden und geben den Eindruck der Sicherheit. Der »Monte« blickt genau nach Süden und ist ganzjährig bis hinauf schneefrei. Also gut, wir haben schon Schnee gesehen, besonders der oberste Teil, wo der Weg auf den nach Osten und Nordosten gerichteten Hang dreht, kann Schnee aufweisen – und ist dann mit doppelter Vorsicht zu begehen! Aber das ist doch recht selten, auch im Hochwinter. Was eine richtige südliche Sonne ist, setzt sich am Monte durch, sobald es zu schneien aufgehört hat. Das heißt aber auch, daß hier im ganzen Etschtal von Rovereto bis Bozen die ersten Blüten des Frühlings zu beobachten sind. Und der Hochfrühling zieht ebenfalls hier zuerst ein, da blühen dann im Wald oberhalb von Mezzocorona schon im April die Diptambüsche und der Dingel wagt sich schon Anfang Mai heraus unter seiner Halbschatten sichernden Schwarzkiefer. Oben allerdings, im besonders im Sommer geschäftigen und lauten Monte mit seinen Zweithäusern und Trattorien, kommt die Vegetation erst spät, hier oben ist schon Buchenklima, und der Schnee bleibt auf der Verebnung recht lange liegen.

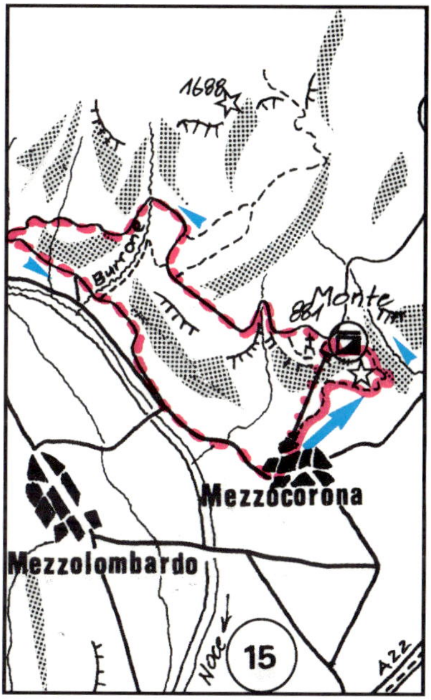

Unten in Mezzocorona deutet noch einiges auf die deutschsprachige Vergangenheit. Der Ort hieß Deutschmetz oder Kronmetz, der

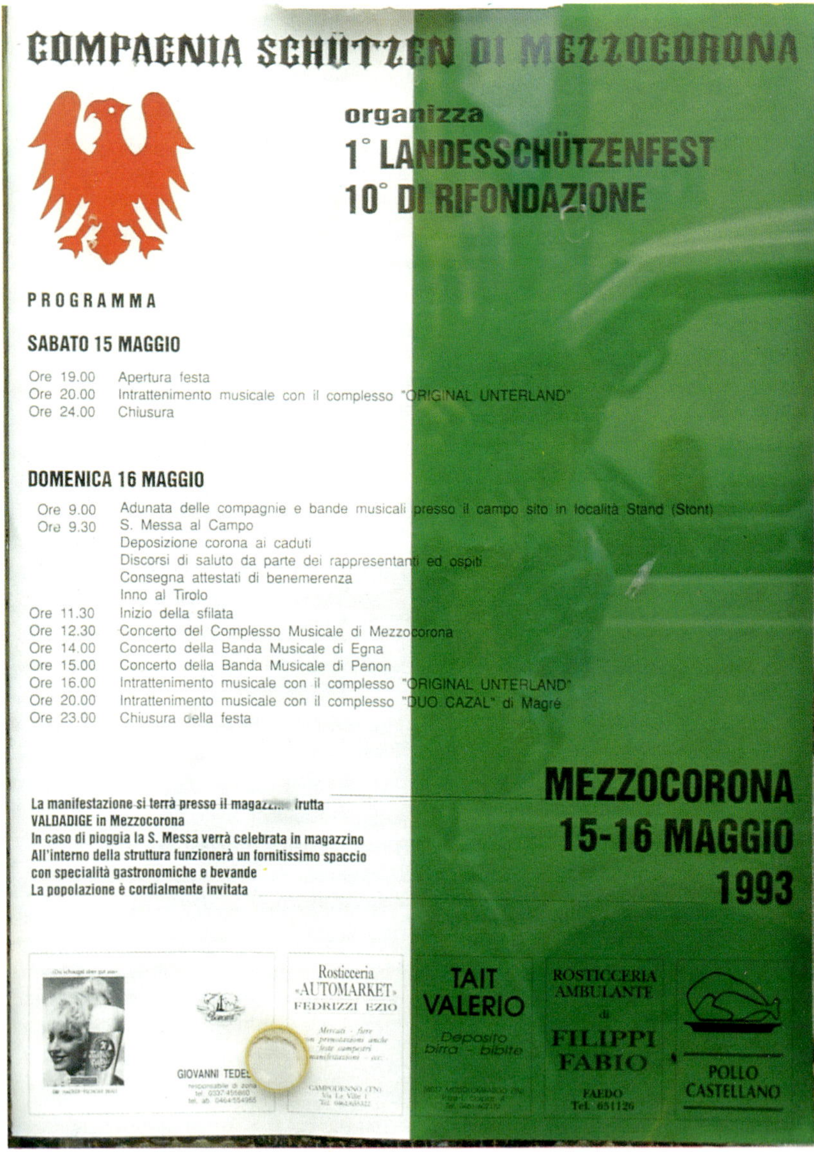
COMPAGNIA SCHÜTZEN DI MEZZOCORONA

organizza

1° LANDESSCHÜTZENFEST
10° DI RIFONDAZIONE

PROGRAMMA

SABATO 15 MAGGIO

Ore 19.00 Apertura festa
Ore 20.00 Intrattenimento musicale con il complesso "ORIGINAL UNTERLAND"
Ore 24.00 Chiusura

DOMENICA 16 MAGGIO

Ore 9.00 Adunata delle compagnie e bande musicali presso il campo sito in località Stand (Stont)
Ore 9.30 S. Messa al Campo
Deposizione corona ai caduti
Discorsi di saluto da parte dei rappresentanti ed ospiti
Consegna attestati di benemerenza
Inno al Tirolo
Ore 11.30 Inizio della sfilata
Ore 12.30 Concerto del Complesso Musicale di Mezzocorona
Ore 14.00 Concerto della Banda Musicale di Egna
Ore 15.00 Concerto della Banda Musicale di Penon
Ore 16.00 Intrattenimento musicale con il complesso "ORIGINAL UNTERLAND"
Ore 20.00 Intrattenimento musicale con il complesso "DUO CAZAL" di Magré
Ore 23.00 Chiusura della festa

La manifestazione si terrà presso il magazzino frutta VALDADIGE in Mezzocorona
In caso di pioggia la S. Messa verrà celebrata in magazzino
All'interno della struttura funzionerà un fornitissimo spaccio con specialità gastronomiche e bevande
La popolazione è cordialmente invitata

MEZZOCORONA
15-16 MAGGIO
1993

GIOVANNI TEDES[...]

Rosticceria «AUTOMARKET» FEDRIZZI EZIO

TAIT VALERIO
Deposito birra - bibite

ROSTICCERIA AMBULANTE di FILIPPI FABIO
FAEDO
Tel. 651126

POLLO CASTELLANO

Name wurde erst in der zweiten Hälfte des 19. Jahrhunderts in Mezzocorona umgeändert, zu dem Zeitpunkt war das Italienische längst zur Hauptsprache geworden, aber noch im 18. Jahrhundert hatte eine nicht unbedeutende Minorität deutsch gesprochen. Inzwischen besinnt man sich wieder der tirolisch-deutschsprachigen Vergangenheit. Bei unserem letzten Besuch waren massenhaft Plakate geklebt, die für eine Veranstaltung zum zehnjährigen Bestehen des Schützenvereins warben. Gleichzeitig, hieß es, würde Mezzocorona das erste Landesschützenfest (mit dieser deutschen Bezeichnung!) austragen. Teil des Festaktes: »Inno al Tirolo«, also Tiroler Hymne. Man sieht: Es gibt noch immer ein Welschtirol.

Der Weg

Von der Kirche in Mezzocorona (219 m) gehe man zur Talstation der Seilbahn (ca. 260 m), wo ein Hinweisschild auf den markierten Weg zum Monte verweist (Sentiero Monte. Ore 1.30. 504). Man geht kurz auf Asphalt, dann schwenkt die Markierung auf einen nach links abbiegenden Wanderweg, der ohne Varianten auf den Monte führt. Nach etwas mehr als einer Stunde erreicht man die exponiertesten Bereiche an der Kante über der den Monte nordöstlich begrenzenden Schlucht (ca. 700 m, 1.15 h). Nun in engen Serpentinen gut gesichert aufwärts zur Kante des Monte-Plateaus und nach Monte del Mezzocorona (891 m, 0.35 h/1.50 h). Abfahrt mit der Seilbahn, alternativ, aber nur bei Schneefreiheit, über den den Monte nach Westen verlassenden Weg oberhalb der Burrone-Schlucht (keinesfalls im Winter bei vereisten Wegstrecken versuchen!) durch das Val de Baerla und durch die steilen Felszonen westlich Mezzocorona ins Tal (Straße ins Nonstal 3,5 km westlich Mezzocorona, ca. 230 m, 2.00 h/3.50 h)

Plakat für das erste Landesschützenfest in Mezzocorona im Trentino. Man beachte den »Inno al Tirolo« im Programm für den Sonntag!

Tour 16 Auf den Sonnenhängen des Monte Calisio

S 2
Z Ht
H 650 m/600 m; 379 m/1039 m; kurze Variante: 400 m/350 m; 379 m/ca. 760 m
V Im unteren Bereich noch insubrisch, im oberen Bereich mitteleuropäisches submontanes Klima mit Kiefern
B In der Gipfelzone im Hochwinter Schneelage und vereiste Stellen, die kurze Variante ist meistens schneefrei
A Cognola, Bus von Trient
E Civezzano, Bus nach Trient
W Trattorien - Bars in Cognola, Villa Montagna (macht mittags zu), Civezzano; an Wochenenden und manchmal auch während der Woche Rifugio Campel
L Wir empfehlen die ausgezeichnete Carta Turistica dei Sentieri Trento 1:30 000, LAC Firenze

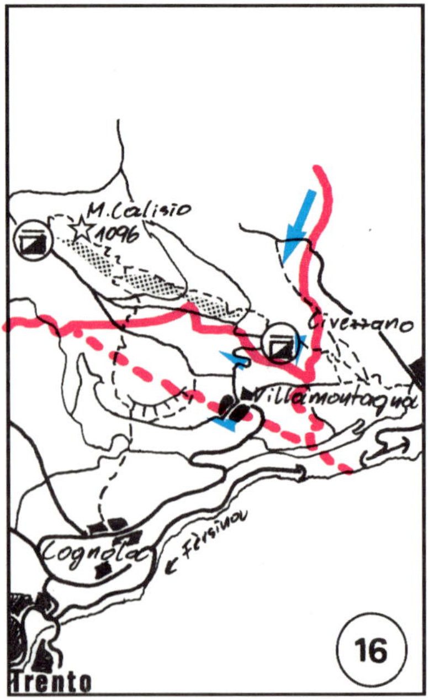

Der Monte Calisio ist einer der Hausberge der Trentiner. Steil und hoch genug, um schon als richtiger Berg angesehen zu werden, ist er nahe genug, um als Nachmittagsausflug zu gelten, von manchen eingemeindeten Ortsteilen gar zu Fuß zu erreichen, wie von Cognola oder Villa Montagna. Unsere Wanderung ist ein Wintervorschlag, stellt in die Mitte das flache, sonnige Wegstück der »Strada di Mez«. Wenn weiter oben kein Schnee liegt, was außerhalb des Hochwinters recht wahrscheinlich ist, kann man auch auf den Gipfel steigen und die herrliche Aussicht bewundern. Da ein Teilstück als Naturlehrpfad beschildert ist, hat man auch im Winter einige Infor-

Alte gepflasterte Straße unter dem Monte Calisio

mationen über die Vegetation zur Verfügung und kann sich schon auf den Frühling freuen, wenn dieser Weg noch reizvoller ist, wenn unter den blühenden Hopfenbuchen das Salomonsiegel blüht und die Weinberge von Blumenwiesen eingefaßt sind, in denen Baldrian blüht und die Skabiose. Der Südhang des Monte Calisio ist so warm, daß Insekten und Kleintiere schon sehr früh im Jahr aus ihrem Winterschlaf gelockt werden, oft zu ihrem Schaden, denn die Wärme mancher Tage kann immer wieder kalten Perioden weichen.

Der Weg

In Cognola di Sopra (379 m) nimmt man die von der nach Civezzano führenden Via alla Veduta nach links abzweigende Via Masetti, von Trient aus gesehen ist das noch vor der Piazza. Wegweiser mit der Markierung 402 schicken uns hier auf den Naturlehrpfad und nach Moià sowie auf den Monte Calisio (er ist mit zwei Stunden Gehzeit angegeben). Sträßchen und Fahrweg führen nach Moià (ca. 475 m, 0.30 h), wo eine querende Asphaltstraße passiert wird. Jenseits geht es mit Markierung 402, Naturlehrpfad und Fahrsträßchen, nach einer Weggabelung (Schild »Monte Calisio« beachten), wo wir uns links halten, auf einen Weg. Nach kräftiger Steigung erreicht man die hier fast flach verlaufende Strada de Mez (ca. 760 m, 0.50 h/1.20 h) und damit unseren sonnigen Promenadenweg über dem Becken von Trient. Nun auf der Strada de Mez nach rechts sanft abfallend. Bei den folgenden Häusern (Gedenkkapelle für eine in den dreißiger Jahren verstorbene Bergbegeisterte aus dem Haus rechts von uns, dessen Bewohner heute noch den Familiennamen Bauer tragen) beginnt eine mit Flußsteinen gepflasterte Straßenpartie. Man erreicht die Asphaltstraße und Villa Montagna (565 m, 0.35 h/1.55 h), hier 100 m auf dem Asphaltsträßchen weiter, dann links auf Fahrweg und fast eben zum Wald (600 m, 0.20 h/2.15 h), wo es dann zunächst noch im Linksbogen flach, dann aber mit Markierung 403 scharf nach rechts und ziemlich steil abwärts nach Civezzano (455 m, 0.20 h/2.35 h) geht.
Wenn das Wetter danach ist, kann man auch auf den Monte Calisio steigen: bei Erreichen der Strada de Mez nicht rechts, sondern links und nach 200 m wieder rechts auf die Fortsetzung des Wanderweges 402 samt Naturlehrpfad (Schild). Durch steilen, streckenweise felsdurchsetzten Bergwald geht es hinauf zum Grat des Monte Calisio (1039 m, 0.50 h/2.10 h), wo man auf die Markierung 403 trifft. Nun links zum Gipfel (1096 m, 0.10 h/2.20 h) und dann wieder zurück und weiter, immer auf Markierung 403 bleibend (der Mini-Abstecher zur bewirtschafteten Hütte Campel ist ausgewiesen), nach Civezzano (455 m, 1.15 h/3.35 h).

Tour 17 Von Aldeno nach Garniga Nuova

S	2
Z	T
H	550 m/550 m; 215 m/777 m
V	Im Hangbereich insubrisches Klima mit Flaumeiche, Hopfenbuche, Perückenstrauch, Blasenstrauch; Plateau mitteleuropäische submontane Vegetation; kalte Nordhänge in der montanen Buchenstufe, Schluchtwald
B	Auf dem Plateau liegt im Hochwinter oft Schnee, die Hänge sind dagegen generell schneefrei
A/E	Aldeno, Bus von Trient
W	Trattorien - Bars in Aldeno und Garniga Nuova
L	Wie Tour 16

Schon von weitem sieht man die Kapelle auf dem Postal oberhalb von Aldeno. Die Burg, die dort einmal gestanden haben mag, bewachte den Zugang zum Val die Cei und zu den Weilern von Cimone sowie zur Hochfläche von Garniga. Diese drei Orte, besonders aber Garniga, haben eine zumindest teilweise deutschsprachige Vergangenheit, wie schon die Namen verraten. Valle del Bis kommt natürlich vom deutschen Wiese, die Notierung des »w« als »b« verweist auf zimbrische Herkunft der ersten Siedler, die nach lokaler Tradition Hirten und Köhler waren – was ja auch von den Zimbern der Sette Comuni und Tredici Comuni angenommen wird (zu den Zimbern vgl. Gebiet 8!). Auch die Fraktionsnamen Gatter und Pifferi sind deutscher Herkunft. Erwarten Sie deshalb nicht, daß Ihnen germanische Hünen deutscher Sprache be-

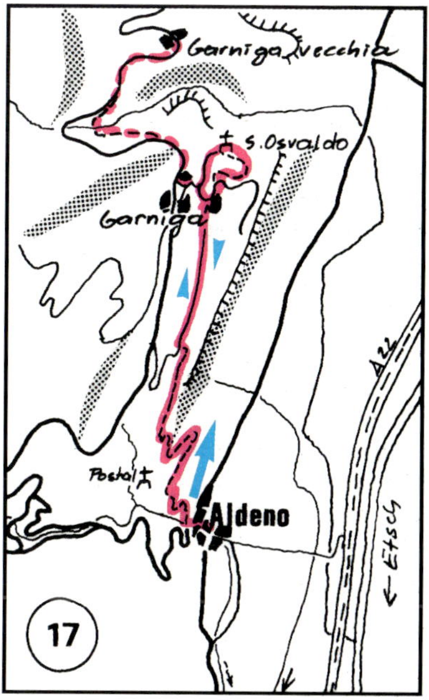

gegnen werden, wenn Sie unseren Wandervorschlag wahrnehmen. Wenn hier Zimbern herkamen, dann haben sie sich inzwischen kräftig vermischt mit der alten alpenromanischen Bevölkerung, mit den italienischsprachigen Trentinern, mit Besatzern und Besuchern von 1000 Jahren. Und die wenigen Namen, die heute noch als deutschen Ursprungs zu erkennen sind, zeigen gerade mit ihrer Seltenheit an, daß sie nur einem vorvergangenen Zustand entsprechen. Die Namen allein sagen ja wenig, sonst wären Köln (colonia agrippina), Mainz (Moguntium) oder Augsburg (augusta vindelicorum) romanische Städte.

Unser Weg zum Plateau von Garniga führt aus dem Weinanbaugebiet der Vallagarina mit ihren ausgezeichneten Weiß- und Rotweinen durch steile Hänge, die von Flaumeichen, Hopfenbuchen und Kiefern bestanden sind; als Strauch oder niedrigen Baum finden finden wir den harzig duftenden Perückenstrauch (Cotinus coggygria). Seine Blütenstiele sind im Herbst und Frühwinter dunkelrot und fedrig behaart, ein wenig wie eine Perücke. Früher hat man diese typisch mediterrane Pflanze, einen echten Wärmeanzeiger, in Aldeno und Còvelo für die Herstellung einer gelben Farbe zum Färben von Häuten verwendet. Auf dem Plateau sieht es dann ganz anders aus, hier ist im Hochwinter auch mit Schnee zu rechnen. Esche und Stieleiche dominieren, ein paar Felder, vor allem aber Wiesen. Wer von Garniga Nuova die alte Straße nach Garniga Vecchia hinüberwandert, findet sich schließlich im sehr kühlen Schluchtwald in Nordexposition, wo den ganzen Winter über kein Sonnenstrahl hineinkommt. Hier dominiert bereits, obwohl wir nicht höher sind als der Südhang mit seinen Flaumeichen, die Rotbuche. Die früher sehr schlechte Verkehrserschließung (unsere Straße war bis in die Mitte der fünfziger Jahre unseres Jahrhunderts die einzige Verbindung von Aldeno herauf), die kleine Siedlungszone des Plateaus, die keine Ausweitung erlaubte und jüngere Söhne schon immer in die Emigration zwang (und auch die Hofbesitzer nur von Nebeneinnahmen überleben ließ, wie vom Sammeln des Perückenstrauches, der lokal »foiaròla« heißt), die begrenzte Fruchtbarkeit des Kalkbodens – das alles hat bis in die Gegenwart zur Abwanderung geführt. Ende des letzten Jahrhunderts gingen an die hundert Familien aus der Gegend nach Mittel- und Südamerika, in den fünfziger Jahren unseres Jahrhunderts begann die Abwanderung in die Gemeinden des Etschtales mit ihren lockenden Arbeitsplätzen in der Industrie. Die Abwanderung ist derzeit anscheinend zum Stillstand gekommen, die in Jahrtausenden erschlossene Agrarlandschaft von Cei, Cimone und Garniga ist noch einmal mit einem blauen Auge davongekommen.

Kornelkirschen blühen am Weg von Aldeno nach Garniga Nuova.

Der Weg

In Aldeno, das mit Bus ab Trient leicht zu erreichen ist, wendet man sich am Kirchplatz (215 m) talaufwärts und erreicht durch die Via Manconi die Unterführung unter der nach Cimone und Garniga hinaufführenden Straße. Halbrechts gegenüber beginnt eine kopfsteingepflasterte Straße, dies ist die alte Straße hinauf nach Garniga. Sie ist im untersten Teil noch für Motorräder befahrbar, was sich an Sonntagen unangenehm bemerkbar machen kann, ab dem einzeln stehenden Hof oberhalb Aldeno (Brunnen!) aber nur noch Fußweg. Dieser ist teilweise recht zugewachsen, aber immer gangbar, in Teilen etwas erodiert, sicher auch wegen der zeitweisen Nutzung als Reitweg (Zeichen!). Nach einer dreiviertel Stunde auf dem Weg erreicht man eine enge Linkskurve (432 m, 0.45 h), dann führt der Weg in ein bewaldetes Tälchen, dem man bis zur Hochfläche von Garniga Nuova folgt, wo man auf eine Straße stößt (696 m, 1.00 h/1.45 h), die uns nach rechts und nach Garniga Nuova führt (756 m, 0.20 h/2.05 h). Von Garniga, das in drei Ortsteile aufgesplittert ist (die beiden anderen befinden sich etwas oberhalb an der Straße nach Garniga Vecchia), kann man einen reizvollen

Rundspaziergang um den alten Kulthügel S. Osvaldo machen: Man geht zunächst auf dem Sträßchen, das links aus der ersten Häusergruppe von Garniga hinausführt, bis nach einer S-Kurve rechts ein Fahrweg beginnt (Zeichen »2«), der rund um den Hügel von S. Osvaldo und zurück nach Garniga Vecchia führt. An der Stelle, wo dieser Weg an einer Kreuzung nach rechts führt, kann man nach links zu einem Aussichtspunkt gehen (777 m) und, wenn man zur Kreuzung zurückgekehrt ist, sich wieder links halten, um mit einer Variante von Weg 2 entlang dem Steilabfall des Plateaus bis fast zum Beginn der alten Straße nach Aldeno hinunter zurückzukehren 0.40 h/2.45 h). Abstieg auf dem Hinweg (1.00 h/3.45 h).

Tour 18 Von Besenello auf den Dosso della Soga und zum Castel Beseno

	Weg 1	Weg 2
S	1	1
Z	T	Ht
H	650 m/650 m; 226 m/861 m	200 m/200 m; ca. 190 m/ca. 350 m
V	Steilhang insubrisch, extrem trocken, sehr viele mediterrane Pflanzen; Plateau kühl, mitteleuropäisch-submontan	
B	Auf dem Plateau im Hochwinter manchmal Schneelage	
A/E	Besenello, Bus von Trient und Rovereto	
W	Besenello, Acqua della Valle auf 600 m	
L	Wie Tour 17	

In der Zone um Besenello und Calliano zwischen Trient und Rovereto verengt sich das Etschtal, und über ein Nebental wird von Calliano aus die Hochebene von Folgaria erreicht. Dieser wichtige strategische Punkt wurde seit dem Frühmittelalter vom Felsen von Beseno aus bewacht, das heutige Kastell Beseno ist Zeuge langer und immer wieder neuer Bauarbeiten an dieser Stelle. Ursprünglich im Besitz der von den Grafen von Eppan abhängigen Herren von Beseno, kam die Burg im Hochmittelalter in venetianische Hände und wurde 1460 tirolisch, wie der ganze Bereich zwischen Riva, Ala, Rovereto und Folgaria, das damals noch Vielgereuth hieß. Zehn Jahre später übergab das Haus Österreich die Burg Beseno an die Familie Trapp, die sie ausbauten, aber im 19. Jahrhundert aufgaben und verfallen ließen. Heute ist sie ausgezeichnet saniert, gut zugänglich und zu besichtigen.

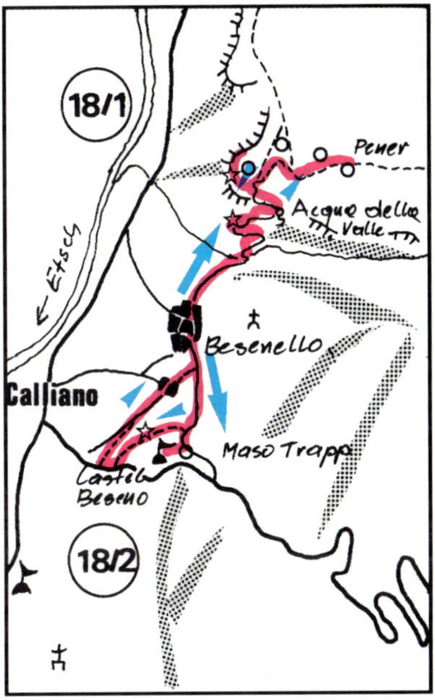

SONNENWEGE 18 20:09:93 18

Die Trapps hielten Wacht zwischen den neu aus venetianischer Hand erworbenen Besitzungen und dem Fürstbistum Trient, das zwar vertraglich eng mit Tirol verbunden war, dem man aber keineswegs über den Weg traute. Und sie hielten Wacht zwischen zwei Kulturen, der romanischen randmediterranen Weinbauzone im Tal der Etsch und den deutschsprachigen Waldbauern auf dem Plateau von Vielgereuth (Viel-Gerodet), Lafraun (Lavarone) und Lusern (Luserna). Die Bauern da oben waren die ersten Siedler dieses kühlen Gebietes, sie rodeten das Land und legten Äcker an, legten auf den Bergen Almen an, bauten Wege, Brücken, Wasserleitungen. Das Deutsche ist heute bis auf den Ort Lusern abgekommen, sieht man von ein paar Ausnahmen ab (so dem schreibenden Gastwirt Leitempergher in Folgaria). Nur die Ortsnamen und Flurnamen haben überlebt: Monte Spizom (Spitzberg), Lait (Leite), Striccheri (Stricker), Spilzi (Spilz), Busental oder Val Tedesca (Deutsches Tal). Letztere Namen finden sich übrigens auf dem Vigolana-Massiv, dessen höchste Spitze, der Becco di Filadonna (2150 m), von allen Seiten über markierte Wege gut zu erreichen ist. Unser Wanderweg auf den enorm steil über dem Etschtal liegenden Dosso della Soga ist nichts anderes als der Beginn des Anstieges zum Becco di Filadonna, der natürlich in der kühlen Jahreszeit nur von Skitourengehern zu erreichen ist. Die Höfe hier oben sind übrigens ursprünglich auch von bayerisch-tirolischen Siedlern errichtet worden, wie noch einige Orts- und Flurnamen beweisen. So jener des Hofes, der vielleicht unseren Umkehrpunkt darstellt, der Maso del Pèner oder, zweifelsfrei, der Hof Busental.

Ein Heiligenbild wacht über den steilen Aufstieg zum Dosso della Soga oberhalb von Beseno.

Unser Wandervorschlag besteht eigentlich aus zwei getrennten Wanderungen. Die erste führt von Besenello durch die steile Wand unter dem Dosso della Soga, heute leider asphaltiert, noch vor ein paar Jahren ein Schottersträßchen. Wir haben diese Tour trotz der Asphaltierung beibehalten, weil sie eine der aussichtsreichsten und abwechslungsreichsten des Etschtales ist und vor allem, weil hier die Sonne auch im Winter Frühlingstemperaturen bewirkt. Ab dem März ist es vollends sommerlich, und bei der Wasserstelle »Acqua della Valle« mit ihrem Picknicktisch und -bänkchen würde man am liebsten im Brunnen baden, so heiß kann es sein. Oben auf dem Dosso dann Wald und ein paar verstreute Wochenendhäuschen zwischen den alten Bauernhöfen, man läßt sich die mitgebrachte Marende am besten in Aussichtslage über dem Etschtal schmecken. Diese Wanderung versuchen Sie auf keinen Fall im Sommer, auch im Frühling und Herbst nur an kühlen Tagen, die Hitze wird sonst mörderisch! Die zweite Wanderung führt von Besenello zum Castel Beseno, die Besichtigung ist leider im Winter nicht möglich. Schade! Aber der wunderschöne Weg »Sentiero del Bac« mit seinen Ausblicken, auch zurück über Besenello zum Dosso della Soga, macht diesen Mangel sicher wett!

Weg 1 Von Besenello auf den Dosso della Soga

In Besenello (226 m) nimmt man das genau nördlich und ansteigend aus dem Ort herausführende Sträßchen, das bald im leichten Rechtsbogen in das Tal des Rio Secco und zu einem großen Steinbruch führt. Hier Fußgängerbrücke (325 m) nach links und nach kurzer Begehung des alten Maultierpfades erreicht man das Asphalt- bzw. Betonsträßchen, dem man nach links aufwärts folgt. Auf 500 m wird das Kapellchen Signore Dio erreicht (500 m, 1.00 h), kurz darauf ein Marienbild in der Wand, über ein paar Stufen links zu erreichen, und, endlich, die Wasserstelle Acqua della Valle (600 m, 0.20 h / 1.20 h) mit herrlichem Blick in das Tal des Rio Secco und ins Vigolana-Massiv mit dem Monte Spizzom (1680 m). Nach der Rast weiter, vorbei an einem Schutzengelbild und schon ist man auf der Hochfläche (ca. 700 m, 0.20 h / 1.40 h). Wer Lust hat, geht hier nach links und immer am Absturz ins Etschtal entlang, sucht sich einen schönen Picknickplatz und genießt die Wärme. Wer noch wandern will, wendet sich rechts, erreicht den Maso Cucchi (788 m) und dann auf derselben Markierung den Maso del Pèner (861 m, 0.30 h / 2.10 h). Man kann bei schneefreiem Winter noch weiter gehen, aber ab dem Vallone Lorei nehmen die verei-

Blick vom Weg unterhalb Castel Beseno zum Dosso della Soga

sten Flächen zu, und es ist sicherer umzukehren (Maso del Pèner bis Besenello 1.20 h / 3.40 h).

Weg 2 Von Besenello zum Castel Beseno und zurück

Im oberen Ortsteil von Besenello (226 m) geht man durch die Via San Giovanni nach Südosten aus dem Ort hinaus (Schild »Castel Beseno«), die Straße ist asphaltiert, aber kaum befahren, die Bewohner von Besenello verwenden sie als Spazierweg. Man erreicht einen Sattel mit kleiner Kapelle (ca. 350 m, 0.25 h), hier geht rechts der »Sentiero del Bac« ab (Schild), noch ein paar Dutzend Meter weiter wäre der Eingang zur Burg. Der Weg führt im Bogen unterhalb der Burg vorbei, man erreicht die Asphaltstraße unter der Burg bei einem Parkplatz (ca. 230 m, 0.25 h/0.50 h). Nun nach rechts auf dieser Asphaltstraße und nach 400 m nach einer leichten Linkskurve über Treppchen in die Weinberge, weglos im rechten Winkel zur Straße durch diese hindurch und jenseits auf Fahrsträßchen, das in gleicher Richtung weiter nach Sottocastello führt (198 m, 0.20 h / 1.15 h). Hier kann man entweder auf dem Sträßchen weiter nach Besenello gehen oder vor dem Ortsbeginn auf einem Fußweg zur Via San Giovanni hinaufsteigen, um zum Ausgangspunkt zurückzukehren (226 m, 0.15 h/1.30 h).

Tour 19 Von Nomi über Savignano nach Pomarolo

S	2
Z	Ht
H	300 m/300 m; 179 m/ca. 450 m
V	Insubrisch – Flaumeichen und Zürgelbaum
B	Meist schneefrei
A	Nomi, Stadtbus von Rovereto
E	Pomarolo, Stadtbus nach Rovereto
W	Bars in Nomi und Pomarolo
L	Kompass-Karte 1:50 000, Bl. 101, Rovereto - Monte Pasubio, Italienische Karte 1:50 000, Bl. 81, Rovereto

Unsere Tour führt vom eng zwischen Etsch und Felsen gelegenen Nomi auf die Ruine der Burg Castelbarco, hinüber zum Weindorf Savignano und über einen warmen Rücken zwischen Weingärten hinunter ins Dorf Pomarolo im fruchtbaren »Herzen der Vallagarina«. Überall ist hier Name und Erbe der Castelbarco präsent, die Stadtburg von Nomi, der Palazzo Vecchio ist genauso Bau der Ca-

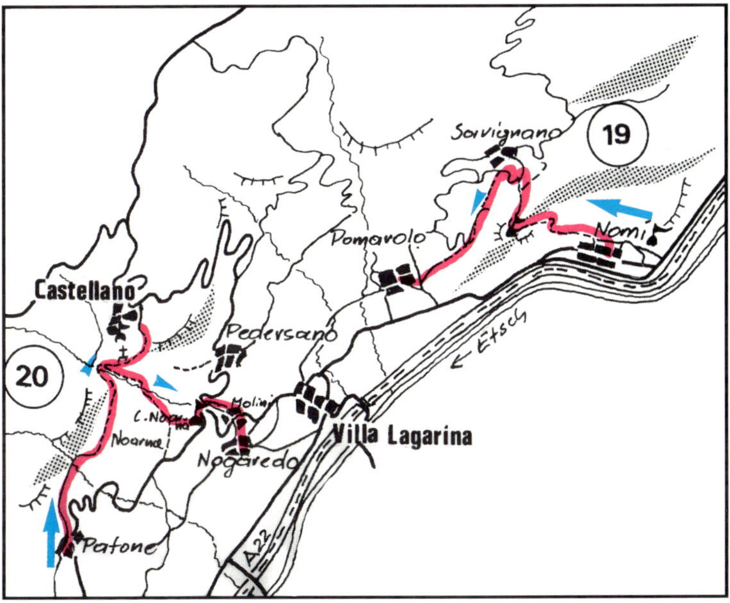

stelbarco, wie das Castel Nomi direkt über der Stadt und dann das Castelbarco über dem kleinen Ort Chiusole. Dieses Geschlecht hatte seinen Höhepunkt als Machtfaktor im Etschtal zwischen Rovereto und der Grenze bei Ala im 15. Jahrhundert. Als die Habsburger kamen, war es mit dem Einfluß der Castelbarco ziemlich zu Ende. 1494 kaufte Maximilian I. Herrschaft und Gerichtsbarkeit Nomi von den Castelbarco und gab sie 1499 als Lehen an die Busio, die sie wieder 1646 an Tirol vererbten. Die Habsburger verkauften sie dann prompt an die Fedrigazzi, deren Erben, die Barone von Moll, wiederum erst 1838 auf die Gerichtsbarkeit verzichteten! Aber sehen Sie sich den »Palaz« an mit seinen Türmen, Loggien, Stiegenaufgängen, Fresken und das Castel Nomi, das 1508 durch Kriegshandlungen zerstört wurde und heute als romantische Ruine über der Stadt thront, und natürlich die Ruine von Castelbarco, an der wir vorbeikommen, und versetzen Sie sich ins 15. Jahrhundert, das sollte dann kein Problem sein! Im Palazzo Vecchio hat sich übrigens eine bemerkenswerte Episode des Bauernkrieges von 1525 abgespielt, der ja nicht nur in Baden und Oberösterreich stattfand, sondern auch hier in Tirol. Die aufgebrachten Bauern der Gegend verbrannten damals in einem Turm des Kastells den Feudalherrn Pietro Busio Castelletti bei lebendigem Leibe, was zu einer österreichischen Eingreifaktion führte: Fünftausend Soldaten marschierten unter dem Befehlshaber Francesco di Castellalto von Trient auf Nomi und nahmen das Kastell im Sturm, plünderten es und setzten, nachdem sie die Verteidiger einen Kopf kürzer gemacht hatten, die Busi wieder ein.

Von Nomi geht man auf schmalem Weg hinauf zum Castelbarco, genießt den Blick über das Etschtal und wandert über ein Karstplateau nach Savignano. Durch Weinpflanzungen, Schiava, Merlot und Cabernet, vorbei an Kirschbäumen wandert man hinunter nach Pomarolo, hat die Gegend von Villa Lagarina immer vor sich, wo heute der Wein dominiert, früher Tabak, Seidenraupenzucht auf den zum Teil heute noch vorhandenen Maulbeerbäumen und Feigen, die zumeist verschwunden sind. Wer mittelalterliche Architektur und Malerei liebt, macht einen Abstecher zur einsam stehenden Kirche San Antonio. Sie wurde im 13. Jahrhundert errichtet und ausgemalt, Fresken haben sich erhalten. In den Wäldern zwischen Castelbarco und Pomarolo kommt übrigens der Zürgelbaum vor (Celtis australis, spaccasasso), ein mediterraner Verwandter der Ulme; die kleine, runde, wie eine grüne Kirsche wirkende Frucht ist süß und schmackhaft.

Der Weg

In Nomi (179 m) geht man bei der Kirche in die ziemlich steile Via Dante. In einer großen Rechtskurve oberhalb des alten Ortes führen links zwei Wege weiter, man nimmt den oberen unter einer alten Natursteinmauer. Er führt durch Weinberge in den Wald und auf eine große Wiese. Hier geht man am rechten Rand der Wiese hoch, bis man wieder im Wald eine kleine Quelle findet und einen hier beginnenden Weg, der durch Wald links aufwärts und zum Rücken führt, auf dem sich links die Ruine Castelbarco befindet (430 m, 0.50 h). Nun aber rechts weiter und mit einigen gelben und roten Pfeilen auf Fahrweg, der durch Wiesen und Wein in Richtung Savignano führt. Man kommt an einem Bildstock vorbei und erreicht eine Asphaltstraße (ca. 450 m, 0.25 h/1.15 h), hier geht es rechts nach Savignano, links hinunter nach Pomarolo (Savignano hin und zurück 0.30 h). Die Straße nach links führt im großen Bogen in die Weinberge hinunter. Wo sie am Waldrand eine scharfe Rechtskurve macht, geht man links in der Fallinie hinunter auf einen markierten Weg, der nun immer mehr oder weniger geradeaus, einmal eine Asphaltstraße querend, dann an einem Picknickplatz eine weitere fast berührend, nach Pomarolo hinunterführt, wo man gegenüber der Kirche ankommt (208 m, 0.45 h/2.00 h).

Erste Baumblüten unterhalb von Castelbarco

Tour 20 Von Patone über Castellano nach Nogaredo

S 2
Z I It
H 250 m/600 m; 226 m/786 m
V Im unteren Bereich warmes insubrisches Klima mit Ölbäumen. Darüber am Sonnenhang bis etwa 350 m Höhe insubrische Vegetation, am Schattenhang und höher oben submontane Vegetation im Übergang zwischen dem mediterranen und dem mitteleuropäischen Typus.
B Am Schattenhang vor der zweiten Bachquerung möglicherweise vereiste Stellen, desgleichen beim Abstieg entlang dem Bach
A Patone, Bus von Rovereto
E Nogaredo, Bus nach Rovereto
W Bars in Patone, Castellano, Nogaredo, das Wasser auf dem Weg ist nicht trinkbar
L Kompass-Karte 1:50 000, Bl. 101, Rovereto - Monte Pasubio, Italienische Karte 1:50 000, Bl. 81, Rovereto. Lageskizze auf Seite 97.

Die Talweitung des Etschtales um Villa Lagarina wird gerne als das fruchtbare Herz der Vallagarina bezeichnet, und genau das ist sie auch. Fruchtbares Schwemmland an der Etsch, weiche Hügel, steilere Südhänge, die für den Weinbau genutzt werden können, sie alle profitieren von einem ausgesprochen milden, auch und gerade wintermilden Klima. So warm ist es hier, daß sogar noch Ölbäume überleben und Frucht tragen können, bei Bonai stehen zwei alte Exemplare. Und natürlich roter Vallagarinawein, nur zehn Prozent der Trauben, die hier geernet werden, sind weiß, Äpfel dazu und Birnen in den etwas höheren Lagen. Dabei wirkt sich die Lage nach Süden oder Norden zum Tal oder zum Berg enorm aus: Auf dem Sattel unter Castellano, wo wir auf unserer Wanderung vorbeikommen, blüht im Februar auf der Schattenseite noch die Christrose zwischen Schneeresten unter alten Lärchen, auf der Sonnenseite unter den Felsen blühen bereits die auffallenden gelben Blütenbüschel der Kornelkirsche unter Hopfenbuchen.
Unser Wanderweg führt äußerst aussichtsreich zwischen alten Dörfern zu einer der eindrucksvollsten Burgen des Etschtales, dem Castel Noarna oder Castelnuovo Lagarino, das (natürlich) im Mittelalter den Castelbarco gehörte, nur um Mitte des 15. Jahrhunderts von den Lodron erobert zu werden. Die Gemeinde hat vor dem eigentlichen Burgbereich in der Vorburg einen Picknickplatz eingerichtet. Vielleicht benutzen Sie ihn ja auf ihrem Weg?

Das Castel Noarna beherrscht das Lagertal westlich von Rovereto.

Der Weg

In Patone (604 m) geht man in Richtung Villa Lagarina aus dem Ort hinaus und nimmt bei einer kleinen Kapelle die nach links abzweigende Via Belvedere. Diese führt uns, ihrem Namen dabei voll gerecht werdend, durch terrassierte, also ehemals als Felder genutzte Wiesen und quert schließlich unterhalb einer überhängenden Wand ein Bachbett. Oder besser: Die Straße führt unterhalb des Bachbettes vorbei, denn der Bach stürzt bei Regenfällen als Wasserfall über die Straße hinweg – ein Spektakel (ca. 625 m, 0.15 h)! Unmittelbar danach teilen sich die Wege, wir nehmen den mittleren, in gleicher Höhe bleibenden, der uns zwischen Wiesen auf einen Sattel bringt, von dem aus der senkrechte Felsen von Castellano sichtbar wird, mit ein paar Hinweisen auf den Ort, der sich da oben befindet. Hinunter in das Val d'Agort, es wird kühl und feucht, man quert den Bach (ca. 610 m, 0.30 h/0.45 h) und steigt jenseits ziemlich steil und bei Sonnenschein sehr schweißtreibend hinauf zum Ort Castellano. Man kann bei einem Bildstock links hinaufgehen oder auch in gleicher Richtung auf dem eingeschlagenen Weg

weitergehen, beide Wege führen in Richtung Castellano (786 m, 0.30 h/1.15 h). Abstieg auf demselben Weg bis zur Bachquerung (ca. 610 m, 0.20 h/1.35 h), die alte Wegverbindung ins Tal ist völlig verwachsen.
Nun auf einem sehr schlechten Fahrweg auf der linken Talseite immer in der Nähe des Baches entlang abwärts, schöne Kolke und kleine Wasserfälle. Der Weg quert zur rechten Talseite und wird besser. Bevor er fast flach nach rechts aus dem Wald weist, vertrauen wir uns einem Fußweg an, der nach links abwärts führt und, an einem Neubau vorbei, direkt zum Castel Noarna (370 m, 0.25 h/2.00 h). Hier aus dem Burgbereich auf der Zufahrtsstraße hinaus und auf der draußen vorbeiführenden Asphaltstraße nach links und wieder in das Val d'Agort, wo wir den oberen Ortsteil von Molini mit seinen Mühlen und Bürgerhäusern erreichen (ca. 310 m). Nun auf dem hier abzweigenden, im obersten Teil für Fahrzeuge gesperrten Fahrsträßchen hinunter in den unteren Teil von Molini und nach rechts in das unmittelbar anschließende Nogaredo (226 m, 0.25 h/2.25 h).

Gebiet 4
Das Etschtal zwischen Rovereto und der Veroneser Klause

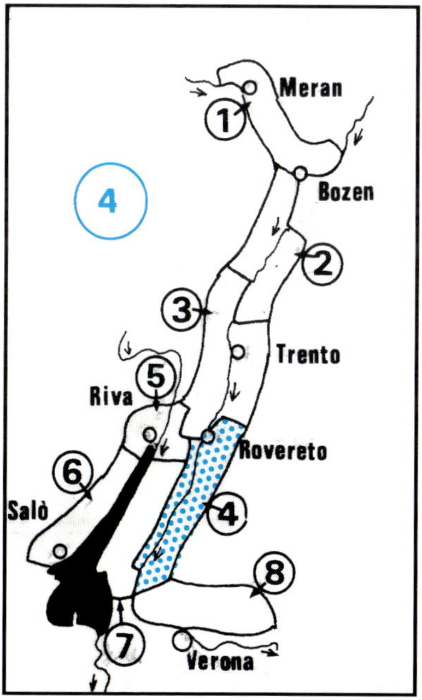

Dieses Gebiet wird von uns nur mit wenigen Touren vorgestellt, obwohl es einige der Kriterien fürs Winterwandern bestens erfüllt. Das Gebiet hat einige – nicht viele – sonnenausgesetzte Hänge, Wege sind vorhanden – ebenfalls nicht viele –, die Sonnenscheindauer ist auch im Winter hoch. Aber dazu kommen einige Probleme: Das Gebiet hat wenige Wege, die nur durch die sonnenausgesetzten Südhänge verlaufen, die meisten der insgesamt nicht sehr reichlichen Wege verlaufen zumindest teilweise durch Schattenhänge und sind im Winter vielleicht gangbar; aber dafür kommt man nicht hierher, um dann in der Kälte des Bergschattens zu wandern. Die Wege links der Etsch (östlich) sind praktisch ausnahmslos Schattenwege. Einige Wege sind leider sehr schlecht erhalten, an manchen Stellen kommt man nur mit Ach und Krach vorbei – nichts für einen Wanderführer. Und die Wege sind an einigen Stellen gerade im Winter rutschig, wir haben aber versucht, nur diejenigen Wege hineinzunehmen, bei denen wir mit einiger Gewißheit sagen können, daß sie nächstes Jahr noch vorhanden sind! So ist die Auswahl ziemlich zusammengeschrumpft. Dafür sind die vier Wanderungen, die wir ausgesucht haben, wahre Gustostückerln. Von der Burg Sabbionara auf die Malga Vignola geht ein wundervoller Weg, unten winkt die kultur- und kunsthistorisch faszinierende Burg, oben die aussichtsreiche Position der Alm. Der Weg durch die »Zona sacra« auf den Monte Zugna bietet ebenfalls natur- und kulturhistorische Preziosen, einen der bekanntesten Bergsturzbereiche der Alpen, über den schon Dante schrieb, und ein als historisches Denkmal gepflegtes Schlachtengebiet des Ersten Weltkrieges. Der Corno d'Aquiglio ist ein herrlicher Aussichtsberg über die Padana und bis hinüber zu der Kette der Apenninen, dazu bietet er Einblicke in die Lebens- und Wirtschaftsweise der lessinischen Bauern im Westen der zimbrischen »Tredici Comuni«. Und der Weg von Canale nach Spiazzi zur Madonna della Corona mit Abstieg über den Wallfahrtsweg bietet nicht nur volksreligiöse Einsichten, sondern auch einen der eindrucksvollsten Wege durch die steilen Flanken des Lagertales schlechthin.

Tour 21 Von der Burg Sabbionara zur Malga Vignola

S	2
Z	T
H	1200 m / 1200 m; ca. 200 m / 1335 m
V	Der Weg führt vom insubrischen Klima mit Ölbäumen (!) unter der Burg Sabbionara bis zum subalpinen Bergwald mit Rotbuchen bei der Malga Vignola
B	Im oberen Bereich ab etwa 800 m im Hochwinter und Spätwinter möglicherweise Schneelage und Vereisungen
A/E	Sabbionara bei Avio, Bus von Rovereto
W	Bars und Trattorien in Avio, Bar in Sabbionara – kein Wasser!
L	Kompass-Karte 1:50 000, Bl. 101, Rovereto - Monte Pasubio, Italienische Karte 1:50 000, Bl. 101, Malcèsine, Wanderkarte 1:25 000, Monte Baldo

Zunächst einmal eine Warnung: Die Malga Vignola ist im Hochwinter nicht schneefrei zu erreichen, und auch im Spätwinter geht es häufig nicht ohne Schnee ab. Die Hochebene, auf der die Alm liegt, gehört zum beliebten Skigebiet La Polsa, und wenn auch die Alm nach Süden schaut, das eigentliche Skigebiet jedoch nach Norden, so bleibt doch auf dem Plateau der Schnee lange genug von der Sonne unberührt, daß er sich noch bis in den Frühling hinein halten kann. Das heißt also: Bis zur Kante des Plateaus kommt man meistens auch im Hochwinter, auf das Plateau selbst und damit zur Malga geht es erst, wenn der Hochfrühling den Schnee weggeräumt hat. Und man muß nicht unbedingt bis ganz hinauf, die herrlichen Ausblicke, die weit hinunter ins Etschtal und in die jenseits gelegenen Lessinischen Berge reichen, hat man auch schon vom sonnenbeschienenen Aufstiegshang her! Auch bereits bei der ersten Querung der Val della Fontana, die ganz oben unter dem Plateau nochmals gequert werden muß, kann es schon Schwierigkeiten geben, bei fast 950 m Höhe ist das kein Wunder! Also wappnen Sie sich mit dem Gedanken, daß es bis 950 m sicher möglich ist, schneefrei zu gehen, oftmals bis fast 1200 m, und daß es im unteren Teil natürlich wesentlich wärmer und südlicher zugeht als im oberen, alpinen Teil. Übrigens ist es unter der Burg so warm, daß Ölbäume gedeihen können; Sie kommen daran vorbei. Ende Februar sind die mediterranen Schopfträubelchen (Muscari comosum) aufgeblüht. Ganz zu schweigen von den Weingärten weiter unten, deren Produkt, den roten und weißen Etschtaler Wein mit den Sorten Cabernet, Lagrein, Pinot Bianco, Chardonnay, Müller Thurgau, man unbedingt gekostet haben sollte (das Trentino, auf dessen Gebiet sich Sabbionara befindet, hat andere Bedingungen und Herkunftsbezeichnungen als das Veronese, das fünf Kilometer weiter südlich beginnt. Vallagarina und Val d'Adige Veronese sind nicht dasselbe!).

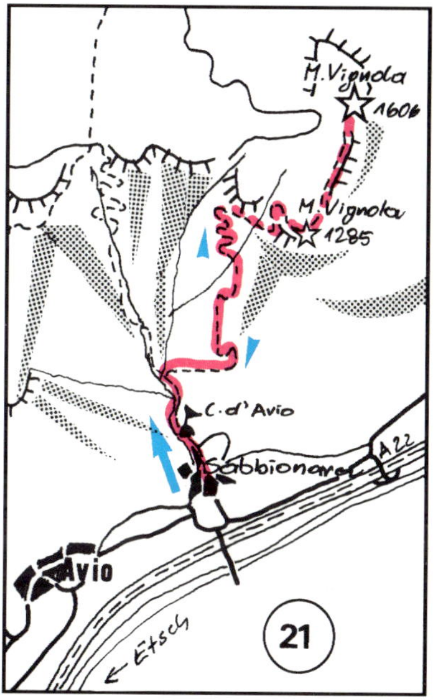

Die Burg Sabbionara konserviert im unteren Wächterhaus Fresken, die den Zustand der Burg vor dem spätmittelalterlichen Umbau darstellen, man sieht Soldaten als Ringer, Bogenschützen im Gebirge, Kampfszenen. Die ausgedehnte, gut erhaltene Burg ist heute im Besitz der Region, nachdem sie Wally Toscanini, letzte Besitzerin, der italienischen Stiftung für das kulturelle Erbe (FAI) schenkte. Im Mastio (Bergfried) klingt oben das Sünderglöckchen, kein Wunder, finden sich dort doch recht weltliche Fresken!

Der Weg

Vom oberen Ortsteil in Sabbionara (ca. 200 m) hält man sich auf schmalem Sträßchen talaufwärts und erreicht den Parkplatz unter

Die Burg Sabbionara enthält einen mittelalterlichen Freskenzyklus.

der Burg. Hier nach links Schilder, die auf den Sentiero d'Avio und die markierten Wanderwege 686 und 687 hinweisen, letzterer, der auf den Monte Vignola führt, ist unser Weg. Von hier (ca. 310 m, 0.25 h) unter der Burg nach links aufwärts in ein nur im Frühjahr wasserführendes Tal, die alte, gepflasterte Maultierstraße ist gut markiert. Bald (ca. 350 m, 0.15 h/0.40 h) gabelt sich der Weg, links geht es mit der 686 weiter zur Bocca d'Ardole, wir gehen rechts auf den deutlich schmäleren Weg 687. Er führt im Bogen auf den Hang rechts von uns, erreicht den genau nach Süden ziehenden Rücken nach zwei Spitzkehren (ca. 600 m, 1.00 h/1.40 h) und quert nach längerer Steigung die Val della Fontana. Nun recht steil in einigen Kehren bergan, bei der letzten Rechtskurve unter dem Vignola-Plateau (1139 m, 1.20 h/3.00 h) ist wahrscheinlich wegen des Schnees nichts mehr zu machen. Wer Glück hat, kann weitergehen und den doch noch um eine Nuance großartigeren Blick von der Malga Vignola (1335 m, 0.30 h/3.30 h) aus genießen. Ein Aussichtspunkt liegt genau im Süden des Plateaus. Hinunter sind es 1200 m Höhenunterschied, das sind immerhin 2 bis 2½ Stunden Gehzeit (ca. 200 m, 2.00 h–2.30 h/5.30 h–6.00 h)!

Tour 22 Die »Zona sacra« auf dem Monte Zugna

S 2
Z Ht
H 950 m / 950 m; 306 m / ca. 1250 m
V Insubrische Vegetation mit Flaumeiche, Ölbaum, Felsenbirne, Blasenstrauch bis zur Höhle, darüber submontaner Flaumeichenwald mit Kiefer bis 1000 m, darüber montaner Mischwald; im Bergsturzgebiet kleinräumige Mischung der Vegetationselemente: mediterrane Felsenbirne neben alpinem Almrausch!
B Bis ca. 1000 m selten Schnee, das »Vallone« ist jedoch durchwegs im Schatten und kann streckenweise vereist sein
A/E Ossario Dante, von Rovereto aus per PKW/Taxi oder zu Fuß zu erreichen (sehr gut beschildert)
W Kein Wasser, keine Verpflegung auf der Strecke!
L Kompass-Karte 1:50 000, Bl. 101, Rovereto – Monte Pasubio, Italienische Karte 1:50 000, Bl. 81, Rovereto, Karte aus dem im Kriegsmuseum erhältlichen Führer »Sul Sentiero della Pace tra Natura e Storia«

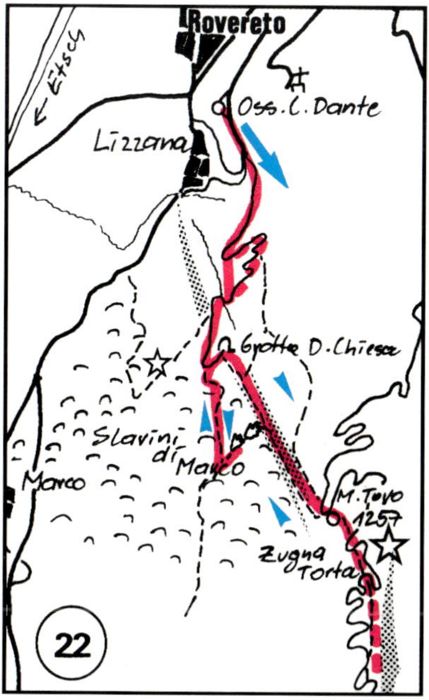

Keine italienische Stadt – vielleicht mit Ausnahme von Asiago – hat im Ersten Weltkrieg mehr gelitten als Rovereto. Bei Kriegsbeginn wurden die Einwohner von den österreichischen Behörden evakuiert, die Front stabilisierte sich in unmittelbarer Nähe der Stadt und verlief bis zum Kriegsende in einer Höhe von etwa 1400 m auf dem Kamm, der von Rovereto hinauf zum Monte Zugna führt. Italienische Geschütze, die auf dem Monte Zugna stationiert waren, konnten nicht nur die tiefer befindlichen österreichischen Stellungen beschießen, sondern auch die Stadt, die bei Kriegsende ein einziger Trümmerhaufen war. Ebenfalls mit Rovereto verbindet sich eine jener Heldenstories, an denen der Erste Weltkrieg reich war: die Gefangennahme und Hinrichtung des jungen Damiano Chiesa, eines aus Rovereto stammenden Offiziers der italienischen Armee. Als Bürger von Rovereto sahen ihn die Österreicher als Landesverräter an, als sie ihn in einem Geschützstand oberhalb der Stadt gefangennahmen, die Hinrichtung am 19. Mai 1916 war für sie Kriegsnormalität. Für die italienischen Kämpfer, die den Anschluß italienischsprachiger Gebiete Österreich-Ungarns an Italien erreichen wollten und erreichten, war Damiano Chiesa ein Märtyrer.

Der gesamte Frontbereich zwischen Rovereto und Monte Zugna, ja bis hinüber zum Passo Buole, ist heute eine Art Freilichtmuseum des Ersten Weltkrieges aus italienischer Sicht. Seit 1921, als das Museo Storico Italiano della Guerra in der Burg von Rovereto eröffnet wurde, hat man, insbesondere während der Faschistenzeit, diverse Denkmäler errichtet und den eigenen Sieg gefeiert. Die »Strada degli Artiglieri« stellt auf 4 km zahlreiche Gedenkplatten italienischer Kriegsteilnehmer zusammen. Am Anfang der Straße steht das gewaltige, einem Rundtempel ähnelnde Ossarium di Castel Dante. Der innere Bereich ist »Zona sacra«, also eine geheiligte Zone; die Grotte, in der Damiano Chiesa gefangengenommen wurde, wird wie ein Wallfahrtsort angesehen. Die Darstellung des Krieges, die in den Publikationen neutral zu sein sich bemüht, schafft dies nicht ganz und schreckt auch nicht vor massiver Geschichtsklitterung zurück, wie ein einziger Satz aus der offiziellen Publikation des Museums verdeutlicht: »Der Ausbruch des Zweiten Weltkriegs und die darauffolgende Invasion des Landes von seiten der Nazis ...«. Die aktive Mitschuld Italiens am Zweiten Weltkrieg wird hinter dieser durch Auslassung entstellenden Satzkonstruktion zu verstecken versucht.

Die Frontlinie unter dem Monte Zugna, durch die unser Weg verläuft, ist ein Teil des Sentiero della Pace, des Friedensweges, der entlang der Front des Ersten Weltkrieges verläuft. Wanderer auf diesem langen Weg werden an vielen Stellen mit Überresten des Kampfes zwischen Österreichern und Italienern konfrontiert, kaum irgendwo anders ist so viel erhalten, ist der Eindruck so intensiv. Wir beginnen beim Ossarium, das die Gebeine Tausender Gefallener enthält, wandern die Strada degli Artiglieri entlang, die Gedenksteine mit Namen um Namen italienischer Kriegsteilnehmer enthält, passieren einen von Ungarn errichteten Feldaltar mit der Aufschrift »Gotteshaus Isten Haza«, erreichen die Grotte des Damiano Chiesa und wandern dann durch das kühle »Vallone« hinauf zur Malga Tof und weiter zum Grat über der Zugna Torta, wo die österreichischen Befestigungen beginnen. Reste von Schützengräben, Stollen, Behausungen, Gewehr- und Kanonenfundamenten, Reste von Regimentszeichen (»Tre Aquile«) werden passiert. Eine im Museum in Rovereto, das man unbedingt besichtigt haben sollte, erhältliche

Die Höhle des Damiano Chiesa in der »Zona sacra« unter dem Monte Zugna ist ein Wallfahrtsort italienischer Nationalisten.

Publikation in deutscher Sprache informiert nicht nur über das Gebiet, sondern enthält auch eine sehr anschauliche Karte der Front mit ihren zahlreichen Bauresten.

Zwischen der Grotte und der Malga Tof wandert man durch ein Tal, das nicht der Abtragung, sondern der Aufschüttung sein Bestehen verdankt, es ist die nordwestliche Begrenzung des gigantischen Bergsturzes von Marco, der »Lavini di Marco«, der fast das ganze Etschtal verlegt hat. Wer vom Weg nur ein paar Meter abweicht und rechts hinaufsteigt, steht am Rand des Bergsturzes, der Eindruck ist gewaltig. Am besten sieht man den Rutschbereich des Bergsturzes, wenn man hundert Meter vor dem Parkplatz unter der Höhle den nach rechts abgehenden (für Fahrzeuge gesperrten) Fahrweg »Sentiero Orme dei Dinosauri« nimmt, er führt mitten hinein in diese Zone, die heute noch so wirkt, als ob der Bergsturz sich erst vor ein paar Jahren abgespielt hätte. Dieser Weg ist natürlich auch noch interessant, weil er zu versteinerten Abdrücken von Dinosauriern führt, die man entdeckt hat; von zwei hölzernen Galerien kann man sie recht gut erkennen. Das heute sehr abschüssige, weil während der Gebirgsbildung als gewaltiges Gesteinspaket ge-

kippte, aber nicht veränderte Gelände war damals wohl ein ganz flaches Schlammgebiet. Die Dinosaurier, deren Abdrücke sich erhalten haben, waren die letzten Lebewesen, die darauf liefen, unmittelbar darauf muß das Gebiet ausgetrocknet und von feinem Schlamm oder Sand überzogen worden sein, der die Spuren gleichzeitig konservierte und verdeckte.
Der Weg ist bis zum Vallone kaum einmal verschneit, auch die untere Sturzzone weist nur ab und zu einmal einen feinen weißen Schneeschleier auf. Gleichzeitig ist dieser Bergsturz mit seinem lebensabweisenden Untergrund aus Fels und Lockerstein ein höchst interessanter Vegetationskomplex: Ganz nahe der unteren Plattform am Saurierweg findet man fast nebeneinander die mediterrane Felsenbirne und den alpinen Almrausch!

Der Weg

Man beginnt diese Wanderung sinnvollerweise beim Ossarium Castel Dante (306 m) und wandert der bis knapp vor der Höhle asphaltierten, aber bis auf Sonntagnachmittage kaum befahrenen Straße entlang. Die Strada degli Artiglieri zieht sich durch submediterranen Wald, an ihrem Ende (520 m, 1.00 h) beginnt der eigentliche Wanderweg. An der Grotte (oder eigentlich Geschützstellung) des Damiano Chiesa vorbei wandert man durch das Vallone, hat immer Wald, rechts liegt immer die Bergsturzzone, die man vom Weg aber nicht sieht. Bei der Malga Tof (ca. 1060 m, 1.20 h/2.20 h) erreicht man wieder eine Straße, es ist die von Albaredo heraufkommende Asphaltstraße auf den Monte Zugna. Der Friedensweg führt aber auf Wegen und nur gelegentlich auf der Straße weiter; man erreicht den Grat bei ca. 1250 m (0.40 h/3.00 h), und da ist möglicherweise im Winter endgültig Schluß, will man nicht mit Tourenskiern weitergehen. Wir haben jedoch in den letzten Jahren so viele milde und schneearme oder gar schneelose Winter erlebt, daß sich vielleicht einem Weitergehen bei niedrigen Temperaturen nichts in den Weg stellt. Abstieg vom Grat: 2.00 h/5.00 h.

Tour 23 Von Fosse auf den Corno'Aquiglio

S	Leichte Wanderung
Z	Ht
H	600 m/600 m; 941 m/1545 m
V	Buchenklima
A/E	Fosse (oberstes Prognotal)
W	Fosse
L	WK Monti Lessini 1:25 000, Blatt West

Der Corno d'Aquiglio, das »Adlerhorn«, ist mit seinen 1545 Metern über dem Meeresspiegel kein Gipfel, mit dem man in Bergsteigerkreisen reüssieren kann. Zumal man von der etschtalabgewandten Seite des Berges fast, aber eben auch nur fast, bis zum Gipfelaufbau die Straße benutzen könnte. Aber da ist der Blick auf den Berg vom Etschtal aus, auf eine dominierende, wegen ihres hakenartigen Gipfelaufbaus im Gedächtnis bleibende Bergform. Und da ist vor allem der Blick vom Gipfel hinunter ins Land. Der ist nämlich vom Feinsten. Im Westen liegt unmittelbar jenseits des Etschtales der Monte Baldo in seiner ganzen Längserstreckung. Im Winter ist der Gipfelkamm des Baldo meist weiß überzuckert, das macht ihn besonders attraktiv. Im Südwesten blickt man über das Etschtal hinaus auf die Moränenlandschaft südlich des Gardasees und ahnt die Weite der Poebene. Nach Süden sind die Lessinischen Vorberge zu sehen und im Osten die Hauptgipfel der Lessini in den Piccole Dolomiti, den »Kleinen Dolomiten«; die Cima Carega (2259 m) sticht aus den lessinischen Plateaus heraus. Man möchte auf das Gipfelkreuz klettern, um einen noch besseren Ausblick zu haben, aber es gibt keinen besseren, das ist der Gipfel!

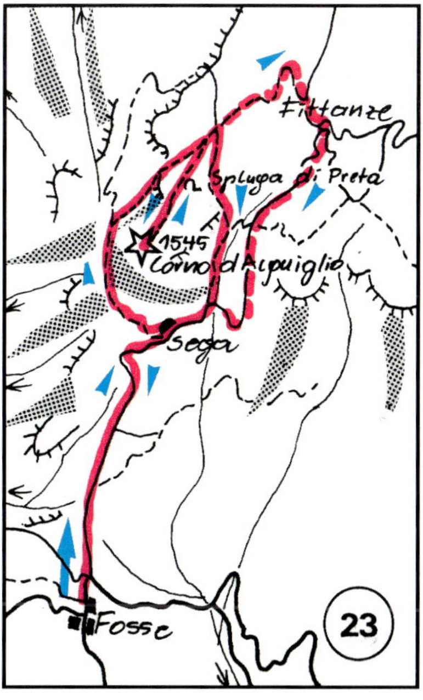

Januar, Gipfelkreuz auf dem Corno d'Aquiglio

Wir waren einmal im Januar hier, nur die höchste Kammzone des Monte Baldo und die Hauptgipfel der Lessinischen Berge waren verschneit. Wir wanderten über im Frost erstarrte Wiesen hinüber zur alten österreichisch-venetischen Grenze, wo noch Grenzsteine aus der Zeit Maria Theresias stehen. Hier verläuft heute die Grenze zwischen der Autonomen Provinz Trient und der Region Venetien. Man hat für die alten Grenzsteine nicht den örtlichen Kalk genommen, der wegen seiner plattigen Schichtung überall als Hausbedeckung und Weidebegrenzung verwendet wird, sondern massiven, roten Veroneser Marmor. Diese Grenze war für einen längeren Zeitraum gedacht, als sie gehalten hat. Von hier aus blickt man auch nach Norden, was vom Corno d'Aquiglio nicht möglich ist. Noch einmal stehen wir ganz still vor Begeisterung: Jenseits des Lagertales leuchtet in den Strahlen des späten Nachmittags die Brenta wie eine rötliche Riesenburg.
Unsere Wanderung liegt in ihrer ganzen Höhenerstreckung im Buchenklima, was man immer wieder sieht. Um Fosse gibt es noch die typischen lessinischen Fruchtbäume, aber sie wachsen in dieser Höhe nur noch in windgeschützten Südpositionen. Weiter oben

dominiert die Buche, an windausgesetzten Standorten hat sie oft niedrigen Wuchs, die Äste stehen in sehr kurzen Abständen und setzen knapp über dem Boden an. Wer im Spätwinter kommt, im März vielleicht, freut sich an der Vorfrühlingsflora, an Krokus, Primel und Narzisse.

Der Weg

Von Fosse (941 m) wandert man auf dem asphaltierten Sträßchen, das den Höhenrücken zum hier besonders eindrucksvollen Corno d'Aquiglio benützt, um zum Weiler Sega und weiter zum Fittanze-Plateau mit seinem Skizirkus zu gelangen. In Sega (0.30 h) wendet man sich nach links und geht auf hangparallelem Weg (offiziell Nummer 250, aber ohne Markierung) bis zu einer verfallenen italienischen Verteidigungsstellung aus dem Ersten Weltkrieg (0.25 h/ 0.55 h). Herrliche Aussicht über Etschtal und auf den Monte Baldo! Der Weg wird schmaler, gabelt sich, man geht nach rechts (Schild) und erreicht nach leichtem Anstieg das Plateau der Malga Fanta (0.25 h/1.20 h). Wo der Weg durch eine kräftig eingetiefte Doline führt, wendet man sich auf Wegspuren scharf nach rechts. Man passiert den Höhleneingang der Spluga della Pietra (Erkundung wird noch durchgeführt, es handelt sich um ein besonders tief reichendes Höhlensystem). Auf etwa gleicher Höhe erreicht man über Wiesen den Gipfel des Corno d'Aquiglio mit großem Metallgipfelkreuz (1546 m; 0.20 h/1.40 h).

Der Rückweg führt wieder zur Malga Fanta mit ihrer traditionellen Steinplattenbauweise (0.25 h/2.05 h), noch ein Stückchen weiter in dieselbe Richtung und dann nach fünf Minuten bei einer Wegkreuzung scharf nach rechts. Dieser Weg führt genau südlich über das Plateau und erreicht dessen Rand an der Waldgrenze. Durch Wald hinunter zur Straße und auf dieser zurück nach Sega und Fosse (941 m; 1.30 h/3.10 h).

Der Abstecher zur alten österreichisch-venetischen Grenze und zu den Grenzsteinen erfolgt von der Wegkreuzung hinter der Malga Fanta aus. Man zweigt dort nicht rechts ab, sondern geht geradeaus weiter und kommt auf diesem Karrenweg, bevor er in den Nordosthang eines ins Segatal abfallenden Hügels absteigt, ganz nahe an die alte Grenze. Den von dort aus nächsten Grenzstein, der sich in Farbe und Höhe deutlich von den weidebegrenzenden Kalkplatten unterscheidet, kann man kaum verfehlen. Geht man auf der eingeschlagenen Straße weiter, erreicht man in einem Sattel die zum Fittanze-Plateau führende Straße, der man nach rechts zurück zum Ausgangspunkt folgt (Mehraufwand etwa 0.40 h).

Mai, der Corno d'Aquiglio

Praktische Hinweise

Obwohl man oberhalb von Fosse noch eine anständige Straße vorfindet und auch problemlos parken kann, sollte man den Wagen in Fosse stehen lassen. Busverbindungen gibt es, aber sie sind für den Wanderer nicht sehr hilfreich, morgens nach Verona, abends zurück. Also doch PKW. Die Straße ist im Winter dank des oftmaligen Zyklus von Schneefall und Auftauen an der Südflanke oft ziemlich eisig, dagegen ist es links und rechts davon in den Wiesen meist schneefrei. Gute Schuhe, am besten Leichtbergschuhe wegen möglicherweise vereister Stellen der Straße und der unregelmäßigen Karstoberfläche des Plateaus.
Verpflegung in Fosse möglich, aber sehr beschränkte Auswahl, besser in Breonio, Sant'Anna d'Alfaedo oder Verona. Nächtigung wohl am besten in Verona.
Besonders reizvoll ist diese Wanderung, wenn im Etschtal Nebel liegt und man über einen weißgrauen Nebelfjord auf den nahen Monte Baldo hinüberblickt.

Tour 24 Von Canale nach Spiazzi und über die Madonna della Corona ins Etschtal nach Brentino

S	2
Z	T
H	900 m/800 m; 99 m/956 m
V	Unten quasi-mediterrane Steineichenzone (man durchquert einen dichten Steineichenwald mit reichlich eingesprengten Felsenbirnen), ab etwa 300 m Höhe mediterraner Flaumeichenwald, in der höchsten Zone bereits Hinweise auf die Buchenstufe
B	In Spiazzi und in den dortigen Nordhängen gelegentlich Schneelage und Vereisungsgefahr
A	Canale im Etschtal, Bus von Verona und Brentino (selten)
E	Brentino im Etschtal, Bus nach Verona (selten), Bahnverbindung mit Rovereto und Verona
W	Wasser in Canale, Bars und Trattoria in Spiazzi, Bar in Brentino
L	Italienische Karte 1:50 000, Bl. 101, Malcèsine, und Bl. 124, Verona Ovest, Wanderkarte 1:25 000, Monte Baldo

Wenn man von Rovereto durch das Etschtal fährt, werden die begleitenden Felswände zwar immer niedriger, aber keineswegs weniger steil. Wenn man bei Canale das eigentliche Etschtal verläßt und in die Klause von Rivoli eintritt, sind die Etschtalwände so steil, daß man kaum meint, daß dort ein Weg verlaufen könne. Er verläuft und ist nicht einmal schwierig; eine durchgehend ausgebildete Verebnung erleichtert die Wegführung. Man kann auf diesem Weg die Kante über der Steilwand erreichen und dann entlang dem Absturz weitergehen, immer mit den herrlichen Blicken auf den Monte Baldo, das Etschtal und die Lessinischen Berge, insbesondere auf den Corno d'Aquiglio gegenüber. Dann wandert man nach Spiazzi und geht hinunter zum in den Felsen klebenden Wallfahrtsheiligtum Madonna della Corona, das man schon vom Etschtal aus gesehen hatte, anschließend darüber rätselnd, wie man dorthin wohl von oben hergelangen möge. Von der Kirche aus führt ein gut ausgebauter Wallfahrtsweg hinunter ins Etschtal bei Belluno Veronese, von oben her Fahrsträßchen und Treppenweg, man muß die Wegführung gesehen haben, um sie zu verstehen.
Da selbst der Papst schon hier war, ist die Geschichte des Heiligtums recht gut publiziert. Dennoch geben wir ein kurzes Resümee: Als die Türken Rhodos eroberten, sei ein steinernes Bild der trauernden Gottesmutter (eine Mater dolorosa), um es zu retten, ins

Meer geworfen worden. Eines Tages habe es sich aus eigenem Antrieb in den Felsen unterhalb des Ortes Spiazzi niedergelassen, wo es von Hirten, die sich mit Seilen zu ihm abseilten, zur Hochfläche transportiert worden sei, wo man ihm eine Kapelle errichtete. Da das Gnadenbild aber etwas gegen den neuen Standort hatte, verschwand es des Nachts wieder und ließ sich an der alten Stelle nieder, so daß den Leuten von Spiazzi nichts anderes übrigblieb, als an der bewußten Stelle eine Kirche zu bauen. Was sie taten, wenn auch die Kirche von heute jünger ist als der damalige Bau. Von weit und breit kamen und kommen Gläubige, vom jenseits der Etsch

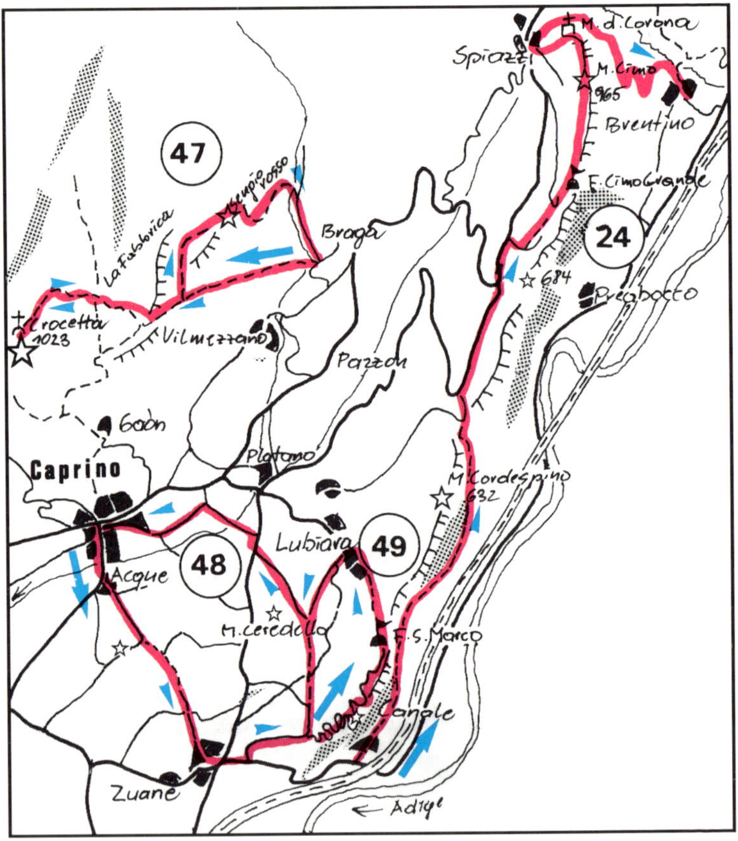

Die Madonna della Corona steht in einer schier unzugänglichen Felswand über dem Etschtal (Aufnahme vom Etschtal aus).

gelegenen Gebiet der Dreizehn Gemeinden gläubige Zimbern, aus dem Gebiet des Gardasees und aus der Poebene kamen sie und sogar aus dem Ausland, dem österreichischen Rovereto. In weitem Umkreis findet man Bildstöcke der Gottesmutter von der Krone, die vom Glauben an diese Erscheinung künden. An Sonntagen kommen viele Menschen hierher, ausnahmsweise einmal wollen wir nicht von einer Sonntagswanderung abraten. Im Mai sind vielleicht auf dem Wallfahrtsweg andere Wanderer unterwegs zur Kirche, Wallfahrer zur Gottesmutter von der Krone.

Der Weg

In Canale (99 m, oberer Ortsteil 146 m) beginnt unser Wanderweg am oberen Ortsrand als Fortsetzung des schmalen Dorfsträßchens. Er führt immer ansteigend durch die Felsen über der Etsch, besonders zu Anfang durch Rillenkarren im leicht abzutragenden Kalkgestein, an Zypressen und Thujen vorbei, im weiteren durch Steineichen und Felsenbirnen. Ein paar Kurven leiten auf breiterem Maultierweg hinauf zur Verebnung auf der Anhöhe zwischen dem Becken von Caprino und dem Etschtal (556 m, 1.20 h). Von hier

(Pozza Gallet) geht es nach rechts auf Sträßchen zur Casa Broieschi, wo wir eine Asphaltstraße erreichen, der wir nach rechts und aufwärts folgen. Wo sie beim Hof Sgarbi (690 m, 0.25 h/1.45 h) in eine weitere Asphaltstraße mündet, wenden wir uns wieder rechts und erreichen nach 500 m eine Abzweigung (730 m), wo wir auf Fahrweg nach rechts gehen. Wo dieser Fahrweg endet, gehen wir über Wiesen durch ein Tälchen aufwärts und erreichen ein einzeln stehendes Haus mit Zufahrtsstraße (ca. 850 m, 0.25 h/2.10 h). Wir queren diese Straße links vom Haus und gehen über Wiesen hinauf zur Kante der Felsabstürze über dem Etschtal, das ehemalige Fort Cìmo Grande (909 m) bleibt rechts von uns. Immer an der Kante entlang und normalerweise weglos erreichen wir den Monte Cimo (956 m, 0.35 h/2.45 h), von dem wir uns leicht nach links und nach Spiazzi hinunterwenden (864 m, 0.15 h/3.00 h). Vom Ortszentrum in Spiazzi geht man nach rechts auf Treppen zur Wallfahrtskirche (773 m); der alte Wallfahrtsweg ins Etschtal hinunter beginnt unterhalb der Kirche in einer Kurve der alten Straße und führt streckenweise ausgesetzt, aber dank begrenzender Steinbrüstung absolut sicher hinunter nach Brentino (187 m, 1.00 h/4.00 h).

Gebiet 5

Alto Garda: Die Berge um Riva, Arco und Tòrbole und die Val di Gresta

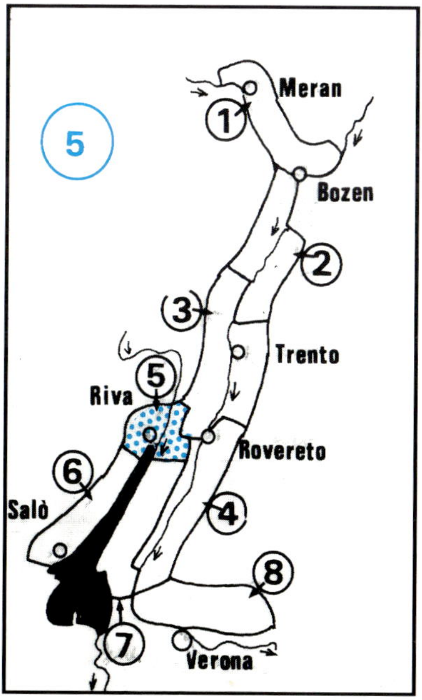

Unter den acht Wandergebieten für Wanderungen in den kühleren Jahreszeiten ist dieses vielleicht das schönste – nach unserer ganz persönlichen Meinung. Hier ist alles versammelt, was es für eine Winterwanderung braucht. Das Gebiet ist nach Norden durch hohe Berge gegen die kalten Winde abgeschlossen, gegen Süden öffnet es sich gegen den wärmespeichernden See. Die Anstiege liegen oft noch im quasi-mediterranen Klima mit seinen Steineichen, liegt der See doch nicht einmal siebzig Meter über dem Meeresspiegel.

Das Klima ist milder als anderswo in unserer Region, die Nebel aus der Poebene, die im Winter den unteren Teil des Gardasees beeinträchtigen und in die Vallagarina hinaufziehen bis nach Avio, sie sind hier nicht bekannt; wenn es Schönwetter hat, dann hat's hier blauen Himmel und Sonnenschein, nicht aber dichten Nebel wie in der Poebene! Die Orte ringsum haben alte Kerne, und jeder hat die Möglichkeit, sich Getränke und Verpflegung zu kaufen, zu unterbrechen, in einer Bar einen Schwatz zu halten. In den Ölbaumhainen und Weinbergen sind auch im Winter arbeitende Menschen, man kommt mit der Bevölkerung dieses Gebietes zusammen, ohne, wie dies in der Hochsaison der Fall ist, einer von vielen zu sein. Die Berge ringsum, das ist vielleicht das stärkste Argument, sind für jeden Bergsteiger faszinierende Berge mit steilen Flanken und gesicherten Klettersteigen, mit Plateaus und Verebnungen, mit Almen in halber Höhe und dichtem Krummholz in der Gipfelzone, kompakte Berggestalten mit tiefen Tälern dazwischen, so daß diese Berge eine einprägsame Gestalt haben, kein anonymer Gipfel ist unter ihnen, wie so oft in den Zentralalpen. Der Monte Misone und die Rocchetta von Riva, der Monte Altissimo und die Kante des Monte Biaena, der Monte Misone, sie alle prägen sich ein.

Die Wärme bringt mit sich, daß fast in jedem Monat des Jahres etwas blüht, eigentlich nur zwischen Mitte Dezember und Mitte Januar ist wenig los, aber auch zu dieser Zeit blühen ein paar verspätete Hahnenfußgewächse in den Wiesen. Die grüne Landschaft des mediterranen Winters hier am Gardasee, sagen wir's ehrlich, das ist es, was uns immer wieder mitten im Winter hierherzieht.

Tour 25 Von Riva zur Kirche Santa Maria Maddalena über die Bastion; Abstecher nach Campi

S 1
Z Ht, mit Abstecher Campi T
H 300 m/300 m; 76 m/340 m, mit Abstecher Campi 650 m/650 m; 76 m/640 m
V Im untersten Teil Steineichenstufe, ab St. Maria Maddalena insubrische Flaumeichenstufe, am Schattenhang nach San Giovanni montane Stufe mit Rotbuche
B Bis nach San Giovanni normalerweise schneefrei, ab dort bis vor Campi im Hochwinter Schneelage und Vereisung möglich
A/E Riva del Garda
W Bars in Riva, Campi, Restaurants in Riva, Brunnen beim (im Winter geschlossenen) Albergo S. M. Maddalena
L Karte 1:10 000, Gruppo della Rocchetta des S. A. T./C. A. I. Riva (kostenlos beim Fremdenverkehrsverein), Italienische Karte 1:50 000, Bl. 80, Riva, Kompass-Karte 1:50 000, Bl. 101, Rovereto - Monte Pasubio

Riva (von der Bastione)

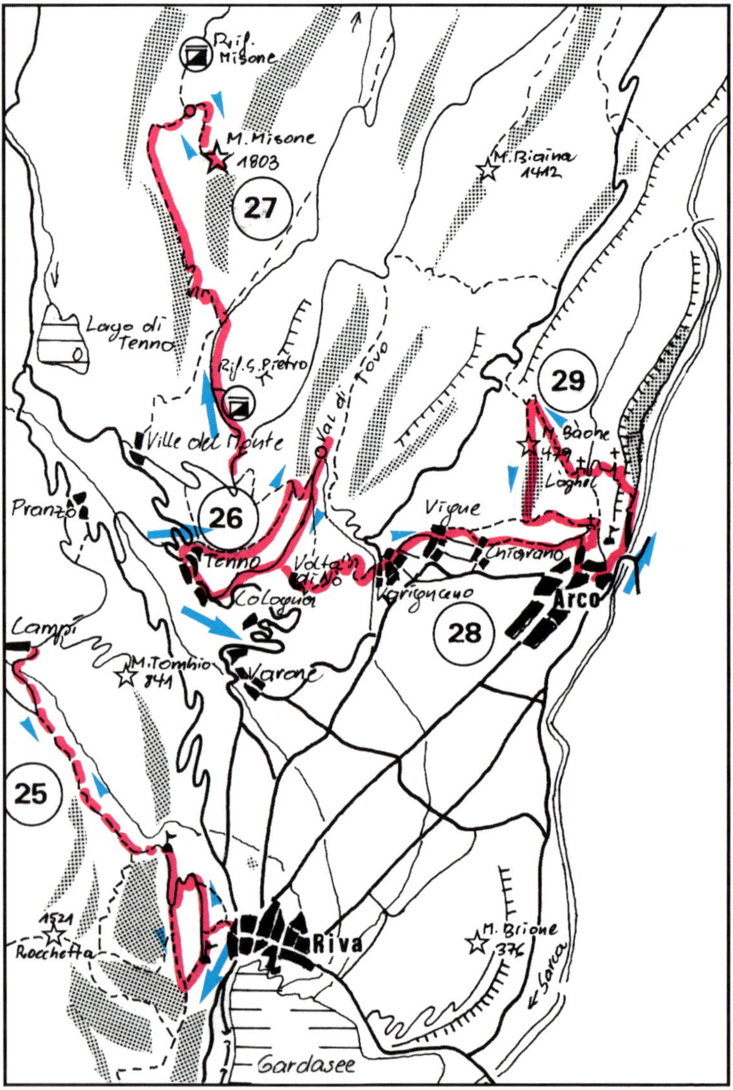

Rif. Misone
M. Misone
1803
27
M. Biaina
1412
Lago di Tenno
Rif. S. Pietro
Val di Tovo
29
M. Baone
479
Laghel
Ville del Monte
26
Pranzo
Vigne
Tenno
Volta di No
Chiarano
Cologna
Varignano
Arco
28
Campi
M. Tombio
841
Varone
25
1521
Rocchetta
Riva
M. Brione
376
Sarca
Gardasee

Die herrlichen Ausblicke auf Riva und das Alto Garda, den nördlichsten Teil des Gardasees um Riva und Tòrbole, Tenno und Arco, kann man meist ganzjährig von den Wanderwegen, Steigen und gesicherten Klettersteigen der Rocchetta genießen. In unserem »Wanderführer Gardasee« haben wir zwei dieser Wege beschrieben. Nehmen wir aber an, der Wintertag, an dem Sie wandern möchten, ist klar, doch nicht sehr warm, und im obersten Bereich der Rocchetta liegt über vereisten Stellen eine feine Schneedecke: Machen Sie unseren reizvollen Spaziergang bis zur Kirche Santa Maria Maddalena, vielleicht – die Temperaturen sind hier oft höher als unten! – bis nach San Giovanni, wenn die Schneelage im Wald es zuläßt, auch bis Campi! Es sind gerade die Rocchetta-Hänge im Bereich zwischen 200 m und 400 m, die am wärmsten sind, sie werden früh von der Sonne erreicht. Die kalte Luftmasse über der Ebene zwischen Riva und Arco reicht nicht so hoch hinauf, und die Meereshöhe ist noch gering; das alles wirkt zusammen, so daß man den Spaziergang bis San Giovanni ganzjährig schneefrei genießen kann.
Sonnen- und Schattenhang zu vergleichen, die letzten Meter vor San Giovanni, die ersten Meter nach San Giovanni, ist äußerst lehrreich. Auf dem Sonnenhang wachsen und gedeihen die Zypresse, die immergrüne Steineiche, der ebenfalls immergrüne Buchs, die Kiefer und die Hopfenbuche, bereits im Februar blühen Erika, der Haselstrauch und die Stinkende Nieswurz. Auf dem Schattenhang wachsen laubabwerfende Eichen, Hainbuche und Rotbuche, auch der Haselstrauch, aber er blüht noch lange nicht, die Edelkastanie und wenige Kiefern, auch ein paar Eiben haben wir gesehen. Blüten? Die Christrose ist gerade aufgeblüht, nahe Verwandte der Stinkenden Nieswurz. Wo man vor San Giovanni Eidechsen huschen sah, trifft man jetzt kein Tierleben an. Der Wechsel ist abrupt, man muß ihn selbst erlebt haben.
Was in Erinnerung bleibt von dieser Wanderung? Der Tiefblick von der Bastion auf die Dächer von Riva und den Hafen, die getreppten Gärten bei der Kirche Santa Maria Maddalena, der runde Turm San Giovanni mit seinem Blick auf das kalte Tal unter Campi und die warmen Sonnenhänge von Varone und Tenno, der rasche Wechsel der Vegetation an dieser Stelle und vor allem die frühlingshafte Wärme, wie wir sie im Dezember, im Januar, im Februar erlebt haben. Das schweißnasse Hemd trocknet in Kürze – auch im Januar.

Der Weg

In Riva geht man durch die Porta San Marco (76 m) und die Via Bastione zur westlichen Gardaseestraße, quert sie und findet die Zeichen des Wanderwegs zur Bastion und auf die Cima S. A. T., die Nummer 404. Man geht zunächst auf betoniertem Weg in vielen

Campi, typische Contrada

Kurven und erreicht nach einer Mariengrotte die Bastion (212 m, 0.25 h). Zurück bis zur letzten Kurve der Straße, dort mit Markierung 402 (Schild »Campi«) geradeaus und beim zweiten nach rechts abzweigenden Weg zur Kirche Santa Maria Maddalena und zum Albergo gleichen Namens, hier Brunnen. Weiter auf nach links in den Wald verlaufendem Sträßchen mit Markierung 402, bei der nächsten Gabelung (ca. 340 m, 1.00 h/1.25 h) links und ziemlich eben und aussichtsreich auf dem Sonnenhang bis oberhalb der Bastion. Nun wieder bei Einmündung in den Weg mit der Nummer 402 nach links abwärts, rechts geht es zu sämtlichen Rocchetta-Wegen; man kann bei schönem, warmem Wetter zumindest bis zum Belvedere della Grola (ca. 585 m) weitergehen. Geht man abwärts, kommt man wieder an der Bastion vorbei und geht auf dem Anstiegsweg hinunter nach Riva (76 m, 1.00 h/2.25 h).

Abstecher nach Campi

Man geht bei der Gabelung auf 340 m nicht links, sondern rechts auf betoniertem Fahrweg, der durch ziemlich offenen Steineichen-Kiefernwald führt und besonders im Winter herrliche Ausblicke erlaubt. Wo sich dieser Weg plötzlich verschlechtert, ist links ein

Wasserwerk und gleich darauf rechts der Rundturm der Archäologischen Zone San Giovanni (ca. 450 m, 0.20 h/1.45 h). Hier Ausblick in das steile Tal des Albolabaches und hinauf nach Campi sowie nach Varone und Tenno mit dem Monte Misone. Der Weg führt nun in den Schattenhang des Tales, führt am verfallenen Hof Pinza (505 m) vorbei, knapp davor kam es im Winter 1992/93 zu Zerstörungen durch eine Mure, die aber bereits im Februar wieder beseitigt waren. Man erreicht Campi bei einer Wegkapelle am Hof Zucchetti (620 m, 0.40 h/2.35 h) und geht nach rechts auf Fahrweg in den eigentlichen Ort (640 m, 0.10 h/2.45 h). Zurück auf Hinweg und ab Gabelung wie oben beschrieben (bis San Giovanni 0.30 h/3.15 h, bis Riva 1.15 h/4.30 h).

Tour 26 Von Tenno über die Busse in die Val di Toro

S	1
Z	Ht
H	100 m/100 m; 410 m/ca. 500 m
V	Submediterrane Flaumeichenstufe, Kiefernwald, Ölbaumhaine in sonniger Lage
B	Normalerweise nur kurze Phasen mit Schneelage
A/E	Tenno, Ortsteil Frapporta, Bus von Riva
W	Nur Tenno!
L	Italienische Karte 1:50 000, Bl. 80, Riva del Garda, Kompass-Karte 1:50 000, Bl. 101, Rovereto - Monte Pasubio. Lageskizze auf Seite 122.

An schönen – und auch an weniger schönen – Dezember- oder Januartagen sind die Weinbauern von Tenno draußen bei ihren Reben und schneiden sie aus. Diese Arbeit ist sehr aufwendig, jeder Weinstock muß genau angeschaut werden, welche Reben vorjährig und welche vorvorjährig sind, muß bestimmt werden, dann erst wird geschnitten. Daraufhin werden die Reben angebunden, das geschieht mit den biegsamen Jungtrieben der Weiden, die jeder Weinbauer an einer feuchten Stelle besitzt, hat er keine, muß er die Weidenäste kaufen. Wandert man durch die Weinberge, trifft man immer wieder Bauern bei der Arbeit, die meisten sind für ein freundliches Wort aufgeschlossen. Besonders gerne erinnern wir uns an einen Bauern, den wir im Januar auf unserem Weg von Tenno in die Val di Toro trafen. Schon von den Busse hörten wir ihn singen, volltönend und nicht ganz melodisch, aber begeistert von seinem Gesang und dem Tag und seiner Arbeit. Als wir vorbeika-

men, nickte er nur zum Gruß, konnte seinen Gesang nicht unterbrechen, es wäre auch schade gewesen, er gehörte bereits zu der Morgenkühle hier oben und dem weiten Blick, der Durchsichtigkeit der Luft. Solche Erlebnisse vergißt man nicht, sie prägen sich unauslöschlich ein; in dieser Gegend, in dieser Jahreszeit wandern wir mit den Liedern des Bauern, den wir damals trafen.
Unsere Wanderung ist technisch äußerst einfach, führt über warme Sonnenhänge und hat eine herrliche Aussicht. Was will man mehr? Für die Kulturbegeisterten gibt es immer noch Tenno mit seinem Ortsteil Frapporta oder, nur ein paar Fußwegkilometer weiter (Schilder »Ville del Monte« in Tenno), den alten Trentiner Ort Canale, heute eine Art Künstlerdorf. Übrigens ist nicht nur der Winter eine wunderbare Wanderzeit auf diesem Weg: Im Frühling sind die praktisch ungedüngten Wiesen ein wahres Blumenparadies (Graslilien dominieren im Mai), im Herbst ist das kupferfarbene Laub des reifenden Weines ein Schauspiel für sich.

Der Weg

Geht man von Frapporta (410 m) mit seinem Kastell am unteren Ortsende längs durch Tenno, kommt man am Ende der Via Dante Alighieri, knapp bevor man die Asphaltstraße erreicht, zu einem schmalen, nach rechts aufwärts führenden Sträßchen (ca. 430 m, 0.10 h). Ein Schild verweist auf die Passeggiata Panoramica Busse (»Busse« oder »buse« kommt von »busa« bzw. »bus«, was soviel wie »Fels, Felswand« bedeutet). Man folgt dem leicht aufwärts führenden Weg aus dem Ort hinaus bis zu einem weiteren Schild »Busse«, das nach rechts weist (0.10 h/0.20 h). Hier beginnt der Abstecher zu den Busse, einer über das Alto Garda hinausgeschobenen Felsbastion mit Traumaussicht und Picknicktischen unter Kiefern. Zum Schild zurückgekehrt (reine Gehzeit 0.15 h/0.35 h), geht man beim Schild nach rechts weiter und findet sich auf einem Weinbergsträßchen, das zunächst über einer großen, landwirtschaftlich genutzten Doline verläuft, die nördlich an den Busse-Felsen angrenzt. Man geht mit leichter Steigung um einen Rücken herum und erreicht den Südosthang, wo man wieder eine herrliche Aussicht hat – Monte Bondone, Monte Stivo, Monte Altissimo di Nago, Arco, Monte Misone. Bei einer Verflachung mit einem alleinstehenden Haus Gabelung, hier links Schild »San Pietro«, wir gehen rechts weiter ins Val di Toro (Val del Tof). Dieser Weg zieht sich ziemlich eben dahin, man erreicht die letzten Häuser vor dem Tal, meist aufgegebene Terrassen, etwas Obstanbau. Hier Asphaltstraße (0.30 h/1.05 h), der man nach links zu den Häusern und auf den Weg ins Val di Toro folgt (ca. 500 m, 0.20 h/1.25 h). Zurück und auf dem praktisch unbefahrenen Sträßchen weiter; man wandert aussichts- und genußreich eben nach Tenno zurück, das man

Blick vom Weg in die Val di Toro auf das Alto Garda

nach einem kurzen Zwischenspiel auf der Straße N 421 erreicht (1.10 h/2.15 h). Achtung! Der auf vielen Karten eingezeichnete Weg in die Val di Toro, der zunächst mit dem Schild »San Pietro« gekennzeichnet recht deutlich in Richtung dieses Tales verläuft, endet abrupt bei einer Wasserleitung und ist ab dieser Stelle völlig verwachsen und ungangbar!

Tour 27 Winterwanderung auf den Monte Misone

S 2
Z T
H 1350 m/1350 m; 550 m/1803 m
V Von der submediterranen Stufe mit eingesprengten Steineichenbeständen – der höchste Steineichenbusch des Gardasees wächst in 1150 m Höhe beim Rifugio San Pietro! – über die Buchenstufe bis zur subalpinen Krummholzstufe im Gipfelbereich
B Die Traverse zur Alm Misone ist im Winter möglicherweise vereist, der Gipfelanstieg erfolgt von Norden und verläuft zu dieser Zeit normalerweise im Altschnee
A/E Ville del Monte, Bus von Riva
W Bars, Wasser in Ville del Monte, kein Wasser auf der Strecke
L Kompass-Karte 1:50 000, Bl. 101, Rovereto - Monte Pasubio, Italienische Karte 1:50 000, Bl. 80, Riva del Garda. Lageskizze auf Seite 122.

Der Monte Misone ist der großartigste Aussichtsberg des oberen Gardaseegebietes, des Alto Garda, da er mitten zwischen den Bergketten westlich und östlich des Sees steht und dazu noch nahe am See. Da er mit 1803 m gerade so hoch ist, daß er oft auch im Hochwinter schneefrei begangen werden kann (mit Ausnahme des allerletzten Teils des Anstieges, der durch die Nordflanke führt), ist er der ideale Winterberg, ganz zu schweigen vom Herbst und Frühjahr. Was man da oben sieht, ist atemberaubend und ist umfassend. Am letzten Januartag haben wir von hier aus über den Alto Garda oder Basso Sarca, wie diese Gegend zwischen Arco, Tòrbole und Riva auch heißt, über den Gardasee im Süden, das Sarcatal im Osten, die Judikarien im Norden, den Ballinopaß im Westen gesehen; im Süden den gesamten Baldokamm (2218 m), die Rocchetta von Riva (1521 m), den Kamm zwischen Cima d'Oro und Cima Pari (1991 m), im Südwesten den Tremalzokamm (1974 m) und den Monte Carone (1591 m), im Westen den Tofinokamm (2153 m) und den Corno di Pichea (2138 m), im Hintergrund den Cornone di Blumone (2830 m) in den Brescianer Alpen. Der Adamello selbst ist verdeckt, man sieht in dieser Gruppe den Grenzberg Carè Alto (3462 m). Ganz nördlich liegt die Presanella (3556 m) und direkt vor dem Betrachter die Brentagruppe (3150 m), im Nordosten die Paganella (2125 m) und im Osten der Monte Casale (1631 m), der Monte Biaena (1413 m), darüber die Kette Palone (2090 m), Bondone (2176 m), Palon (1915 m) bis Monte Stivo (2045 m), ganz im Osten der Pasubio (2235 m), die Piccole Dolomi-

Januar, auf dem Gipfel des Monte Misone. Im Hintergrund die Brentagruppe.

ti mit dem Cornetto (1900 m) und dem Monte Baffelan (1791 m), rechts und südlich davon schließlich die Caregagruppe mit der Cima Posta (2259 m). Kein Sommertag gewährt diese Aussicht, die Sommer sind bis auf wenige Stunden im Dunst, oftmals sieht man kaum in die Ferne, es sind der Spätherbst, der Winter und die kühlen Frühjahrstage, die den hier beschriebenen Blick ermöglichen.

Der Weg

Von Ville del Monte auf Straße oder Wanderweg 401 bis zur Verebnung unter dem Rifugio San Pietro und weiter bis zu einem Paß zwischen dem Hügel, auf dem San Pietro liegt, und dem Monte Misone (940 m). Hier auf bezeichnetem Weg (Schild »Monte Misone«) steil hinauf zu einer Schulter (ca. 1350 m, 1.20 h), schöner Blick zum Tofino und Corno di Pichea. Nun quert man mit geringer Steigung den bewaldeten Südwesthang, Rotbuche, Fichte, später, wenn man sich der Schulter nähert, auch Birke. Die Schulter (ca. 1570 m) vor dem Nordwesthang bringt neue Ausblicke, hier beginnt eine häufig vereiste, flache Waldquerung hinüber zur Alm

Misone, Vorsicht! Bei der Almlichtung der Malga Misone (1575 m) nach rechts und auf schmalem Weg in den Nordhang und zum Gipfel mit Kreuz und Gipfelbuch (1803 m, 1.00 h/2.20 h). Rückweg auf demselben Weg (1.20 h/3.40 h).

Tour 28 Von Tenno nach Arco

S	1
Z	Ht
H	100 m/450 m; 90 m/427 m
V	Submediterrane Flaumeichenstufe mit Anklängen an die Steineichenstufe: Steineichenbestände in den Felshängen; Ölbaumhaine
B	Schneefrei
A	Tenno, Bus von Riva
E	Arco, Bus von Riva und nach Trient
W	Bars und Trattorien in Tenno und Riva, Bars in Vigne und Chiarano
L	Italienische Karte 1:50 000, Bl. 80, Riva del Garda, Kompass-Karte 1:50 000, Bl. 101, Rovereto - Monte Pasubio. Lageskizze auf Seite 122.

»Ein Gefühl der Erlösung überkommt uns, wenn wir den beengenden Felsenmauern entronnen sind und uns wieder mit den Bildern des Lebens, schönen Gärten und Olivenhainen, Weinbergen und südlicher Fruchtbarkeit umgeben sehen. Von Sonnenglanz verklärt, so tritt uns hier der Süden berückend entgegen. Efeu und Rosen allüberall, wohin wir das Auge lenken. Von der Höhe Nagos schauen wir ein überwältigendes Naturbild. Zur Rechten am Eingang des Sarcatales auf steilem Felsen die Burgruine Arco. Vor uns die fruchtbare Campagna und zur Linken der in allen Farben spiegelnde, von stolzen Bergen umrahmte Gardasee. Wie mag da Goethe aufgejubelt haben, als er am 12. Dezember 1786, im Reisewagen von Trient und Rovereto kommend, dieses Bildes ansichtig wurde.« Soweit A. Nistler 1923 in seinem Buch »Zum Gardasee; Reiseeindrücke« im besten Bildungsbürgerdeutsch. (Mysteriös bleibt der »in allen Farben spiegelnde« See – was meint er damit?) Streicht man die Schwülstigkeiten ab, bleibt eine Beschreibung des Bildes, das man von den Höhen um das untere Sarcatal hat, so auch von unserer Wanderroute, die uns von Tenno nach Arco führt. Übrigens geht aus dem zitierten Text so nebenbei hervor, daß Goethe seine vielzitierten Gardasee-Abenteuer im Winter hatte. Sie

Arco, 26. Januar 1993

sehen, Winterreisen an den Gardasee sind auch nicht erst gerade eben in Mode gekommen. Wir kommen auf unserer Wanderung allerdings nicht von Osten, sondern von Westen nach Arco, dafür betreten wir die Stadt jedoch von oben und durch ländliche Vororte, während der von Osten Kommende durch häßliche Vorstädte an Arco herangeführt wird.

Der Weg

Von Tenno (427 m) geht man ein Stückchen auf der Straße in Richtung Riva, bis nach der ersten Linkskurve links ein schmales Asphaltsträßchen abgeht. Man folgt diesem Sträßchen ca. einen Kilometer, bis man sich direkt über einem Ort befindet, nämlich über Volta di Noo. Hier geht ein deutlicher Weg durch die Weinberge hinunter in den Ort, Volta wird im oberen Teil erreicht, man geht nach rechts hinunter bis zu einer Asphaltstraße, die den Ort hier passiert. In der Haarnadelkurve (ca. 300 m, 0.40 h) zweigt nach links ein Fahrsträßchen ab (Schild »Varignano, Arco«), das bald zum Fußweg wird. Es führt zuerst eben, dann steiler durch herrliche Ölbaumhaine und mit Traumaussicht hinunter nach Varignano. Dort quert man Asphaltstraße und Bach und wendet sich nach

rechts, passiert eine alte Waschanlage und ist im Ort (ca. 100 m, 0.25 h/1.05 h).
Man folgt der Hauptstraße bis zur ersten Bar, wo man sich nach links wendet und auf dem eingeschlagenen Sträßchen zum Weiler Vigne gelangt (98 m, 0.10 h/1.15 h). Im pittoresken Vigne steigt man hinter der Kirche die Via del Consiglio hinauf, sie führt bald oberhalb eines großen Parks mit Zypressen und entlang einer hohen Mauer zum nächsten Ort. Auf halbem Weg Schild »M. Baone; Via del Congresso« in unserer Richtung. In Chiarano halblinks zur Piazza San Antonio, winziges Kirchlein mit drei gut erhaltenen Außenfresken, eine davon den heiligen Christophorus darstellend. Hinter der Kirche in die Via al Val und bis zum letzten Haus, dann rechts und auf Weg hinauf in den über dem Ort lagernden Ölbaumhain (ca. 140 m). Oben erreicht man ein querendes Erdsträßchen, das nach rechts und sich allmählich verhärtend, zum Schluß als Via Lomego auch asphaltiert, mit schönen Ausblicken bis nach Arco führt (90 m, 0.45 h/2.00 h).

Tour 29 Von Arco über den Colòdristeig nach Làghel und auf den Monte Baone

S	4
Z	Ht
H	450 m/450 m; 88 m/479 m
V	Steineichenstufe, am Monte Baone Flaumeichenstufe
B	Schneefrei
A/E	Arco, Bus von Riva, Bus nach Trient
W	Trattorien und Bars in Arco, Wasser in Làghel
L	Kompass-Karte 1:50 000, Bl. 101, Rovereto - Monte Pasubio, Italienische Karte 1:50 000, Bl. 80, Riva del Garda. Lageskizze auf Seite 122.

Der Weg

Von Arco (88 m) geht man in Richtung Sarcabrücke und direkt davor nach links auf Sträßchen in Richtung Prabi, wo sich unter den senkrechten Felsen des Colòdriberges ausgedehnte Sportanlagen befinden. Hier beginnt der Zustieg zum gesicherten Steig durch die Felsen, hundert Meter rechts der kleinen Kirche Sant'Apollinare mit ihren schönen Außenfresken weisen Zeichen darauf hin. Der eigentliche Klettersteig ist nur wenig höher als hundert Meter, man geht ihn in einer guten halben Stunde. Er ist leicht zu gehen und

durchgehend gesichert, weniger Erfahrene sollten aber auf jeden Fall ans kurze Selbstsicherungsseil.
Man erreicht das verkarstete Gipfelplateau (ca. 360 m, 1.00 h) und kann von hier aus nach rechts zum Gipfel gehen (400 m), muß aber wieder hierher zurückkommen, um dann das Plateau ganz leicht ansteigend in Richtung des jenseitigen Steilabfalles zu queren. Man findet jenseits einen zunächst entlang dem Absturz verlaufenden, dann ganz einfach ins Hochtal von Làghel und zur dortigen Kirche und ihrem Brunnen hinunterführenden Weg (230 m, 0.15 h/1.15 h).
Von der Kirche nimmt man den linken der hier höher führenden Fahrwege, er zielt in den Westteil des Làghel-Tales und zu einigen Zweithäusern, die Bürger von Arco hier oben errichtet haben. Ein Schild verweist auf die Weiterführung als Weg (»San Giovanni«). Man steigt die westliche Talflanke hinauf und erreicht einen Sattel (419 m), hier genau südlich zum Gipfel des Monte Baone (oder Paone, 479 m, 0.45 h/2.00 h). Hier nun für klettergewandte Bergsteiger genau weiter nach Süden auf der Via del 92° Congresso, einem gut ausgebauten Felsensteig mit Sicherungen, am Fuß nach links auf Fahrweg, der zum Sträßchen Arco–Làghel führt. Nichtkletterer gehen zurück bis Làghel und wenden sich bei der Kirche rechts, um auf dem hübschen Sträßchen hinunterzugehen in die Altstadt von Arco (jeweils ca. 0.50 h/2.50 h).

Tour 30 Von Nago auf den Monte Brugnolo

S	2
Z	T
H	100 m/100 m; 229 m/1179 m
V	Submediterrane Flaumeichenstufe mit Steineichen an Steilhängen in Südlage, darüber Vegetationszonen bis zur montanen Buchenstufe
B	Ab dem Corno (681 m) Schneelage möglich
A/E	Nago, Bus von Riva und Rovereto
W	Bars und Trattorien in Nago, Wasser mitnehmen
L	Kompass-Karte 1:50 000, Bl. 101, Rovereto - Monte Pasubio, Italienische Karte 1:50 000, Bl. 80, Riva del Garda

Zum Monte Brugnolo kommt man als Autofahrer recht einfach, man fährt hinauf nach Santa Barbara über die Val di Gresta, schlägt einen nach Südwesten verlaufenden Fahrweg ein und steht

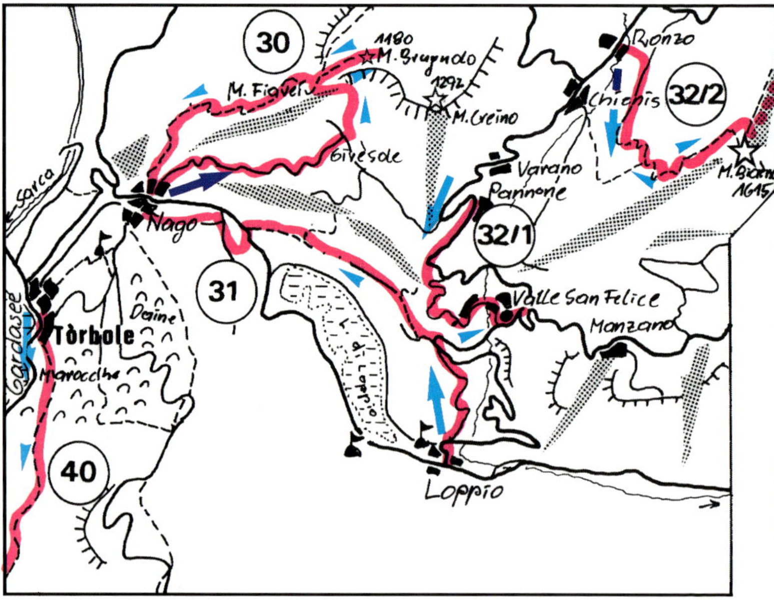

schon am steilen Absturz mit – im Sommer durch Laubwerk eingeschränkten – Blicken auf Basso Sarca, Gardasee, Berge westlich des Sees. Wir machen es anders, kommen von unten, kommen im Winter oder Spätherbst oder Frühjahr, wandern von Tòrbole oder Nago hinauf und genießen den Weg, bevor wir den Ausblick bewundern. Der ganze Hang, den wir begehen, weist nach Süden, hier blüht es schon Ende Januar und das nicht zu knapp (27. Januar: Stengellose Primel, Leberblümchen, Haselstrauch, die ersten Blüten der Kornelkirsche). So viele Genüsse sind nur so intensiv, weil sie Kontraste zum Üblichen darstellen, wer ständig Kaviar ißt, wird ihn bald nicht mehr schätzen. Der Ausblick von dort oben bleibt derselbe, ob Sie mit dem Auto hingefahren sind oder zu Fuß den steilen Hang hinaufwanderten. Der innere Eindruck aber ist nicht zu vergleichen.

Der Weg

In Nago (229 m) nimmt man die Via Stazione, die nördlich der Durchgangsstraße im Rechtsbogen an die Nago nach Norden begrenzenden Hänge heranführt. Nach 750 m finden wir das Schild

Von den Mähwiesen des Corno blickt man hinüber zur Cima d'Oro.

»Località Fossà«, hier bei einer Gabelung links auf schmales, zunächst sehr steiles Asphaltsträßchen. Bald wird es flacher, man kann die gepflegten Ölbaumhaine bewundern, bevor man San Tommaso (ca. 390 m, 0.30 h) erreicht, mit seinen mehr oder weniger attraktiven Sommerhäusern. Ab hier herrscht Fahrverbot; die Straße geht durch Wald weiter, Flaumeiche, Kiefer, Haselstrauch vor allem, an Felsen oberhalb erkennt man die schwarzgrünen Flecken von Steineichen, die hier enorm hoch hinaufwachsen, weil der Hang so besonders warm ist. Man quert ein durch Wasserableitung ausgetrocknetes Tal und steht bald auf einer größeren Verebnung, dem Corno, beim einzigen großen, alten Haus des Bereiches (681 m). Der Corno ist durchgehend terrassiert, eine fruchtbare Muschel mit Ausrichtung nach Süden. Man hat herrliche Blicke auf Rocchetta, Cima d'Oro, Cima Pari, Tofino im Westen, Monte Altissimo im Baldokamm im Süden, Monte Creino direkt über uns im Norden.

Am oberen Ende des Corno steht ein einzelnes Haus an der Einmündung unseres Sträßchens in eine querende Straße (ca. 820 m, 1.15 h/1.45 h). Das Schild »Sentiero della Pace« weist nach links zum Monte Brugnolo. Man geht nach links und bei der nächsten

Gabelung rechts, das Sträßchen ist nur noch geschottert, wieder bei Gabelung rechts (Schild) und wieder. Hier steht statt eines Markierungsschildes ein Schild der Forststraße (»Strada Forestale Tiresole«). Sie ist – wenn überhaupt – ein schlechter Fahrweg. Wir folgen ihr durch den Laubwald unter den Monte Brugnolo, der als Felsbastion über uns liegt, nach links geht es auf einen Sattel (ca. 1000 m), und wir sind auf dem Weg von der Casa Gobbi Fiavei (oder Malga Fiavei) zum Monte Brugnolo. Bei Weggabelungen halte man sich jetzt rechts und entlang der Felsabstürze, so erreicht man in Kürze den bewaldeten Gipfel des Monte Brugnolo (1179 m, 1.00 h/2.45 h).
Zurück zum Punkt, an dem wir den markierten Weg von der Malga Fiavei erreicht haben, nun aber nicht links über die Schulter hinunter, sondern rechts, dem hier heraufkommenden Weg abwärts folgend zur Malga Fiavei (920 m, 0.40 h/3.25 h). Durch Wald und zuletzt durch lockeren, felsdurchsetzten Flaum- und Steineichenbuschwald hinunter nach Nago (229 m, 1.20 h/4.45 h), das man über die Via Stazione erreicht.

Tour 31 Von Loppio nach Nago

S	3, Orientierungsvermögen nötig
Z	Ht
H	350 m/350 m; 520 m/229 m
V	Submediterrane Flaumeichenzone mit Steineichen an steilen Wandpartien in Südlage
B	Im Hochwinter sind die Waldpartien am Anfang und beim Abstieg zu den Weinbergen von Nago möglicherweise verschneit
A	Loppio, Bus von Riva und Rovereto
E	Nago, Bus von Riva und Rovereto
W	Bars in Loppio und Nago, Trattoria in Nago
L	Italienische Karte 1:50 000, Bl. 80, Riva del Garda, Kompass-Karte 1:50 000, Bl. 101, Rovereto - Monte Pasubio. Lageskizze auf Seite 136.

Die Front im Abschnitt Nago–Rovereto verlief während des Ersten Weltkrieges in etwa im Tal von Loppio, an ein paar Stellen aber auf der nördlichen Seite, so hatten sich die Italiener bis in die Felsregion unter dem Monte Biaena vorgekämpft, der von den Österreichern gehalten wurde. Auf dem Monte Stivo waren österreichische Kanonen, auf dem Monte Altissimo italienische stationiert. Der Monte Creino im Norden des Tales und die Corna Piana im Süden

Der Lago di Loppio, als es ihn noch gab, samt seither ebenfalls verschwundener Bahnlinie Rovereto–Riva. Unser Wandervorschlag bewegt sich in den Hängen links auf alten Kriegssteigen, die damals (das Foto entstand um 1910) noch nicht existierten.

sind heute noch durchlöchert von Gräben und Stollen, und viele Reste von Betonbauten erinnern an jene heute so fern erscheinende und doch nur zwei Generationen vergangene Zeit. Unser Weg verläuft größtenteils über einen während der damaligen Kriegshandlungen angelegten, nicht markierten Steig, an einer Stelle kommt man bei Unterständen vorbei, die damals gebaut wurden. Man wandert in absoluter Einsamkeit, der einzige, den wir auf dieser Dreistundentour an einem Januarnachmittag trafen, war ein Bauer, der im lockeren Buschwald Holz machte und ganz überrascht war, daß wir kamen. Er klärte uns darüber auf, daß hier vor, wie er meinte, gar nicht langer Zeit Österreicher und Italiener gekämpft hätten, erwähnte, daß das Gebiet bis dahin österreichisch gewesen sei. Wo wir denn unsere Informationen über diesen Weg herhätten, fragte er. Aus der italienischen militärgeographischen Karte 1:25 000, antworteten wir. Na dann, war seine Antwort, und er wünschte uns guten Weg.
Man wandert auf dem Steig hoch über dem Lago di Loppio, in dem sich meist kein Wasser befindet, zu diesem Zeitpunkt im Januar aber nach einer längeren Regenphase Wasser stand – und nicht wenig! Die Bäume im Seebecken waren alle bis zum halben Stamm im Wasser versunken, einige gar bis zur Krone. Wir hatten diesen

Anblick noch nie gehabt und waren beeindruckt. Ein paar Tage später fanden wir in der Val di Gresta die Einladung zu einem Vortrag, in dem ein Ingenieur über die Möglichkeiten berichten wollte, das Seebecken des Lago di Loppio wieder permanent zu füllen, vor allem der Fischfang wurde als wirtschaftliche Begründung für diese Maßnahme genannt. Das Seebecken ist kalt, im Winter läßt der Schatten des Monte Altissimo den Rauhreif kaum jemals verschwinden, zum Zeitpunkt, als wir den See aufgefüllt vorfanden, waren die Ränder hart gefroren. Wir müssen kaum betonen, daß wir auf unserem Weg, der immer am Südhang bleibt, in Hemdsärmeln wandern konnten ...

Der Weg

In Loppio (230 m) nimmt man das Sträßchen hinauf in die Val di Gresta, verläßt es aber bald wieder, wo zwanzig Meter nach dem Eingang zum Castel Barco links ein Fahrweg in den Wald hinaufführt. Dieser Fahrweg leitet in Kurven wieder zur Asphaltstraße in Val di Gresta, der man nur 200 m nach links folgt, um sie dann bei einem kleinen Sattel mit Haus (520 m, 1.00 h) zu verlassen. Hier beginnt der Kriegssteig, er führt von der Straße nach links, gabelt sich, man nimmt den rechten Weg, der leicht bergan führt; links herrlicher Aussichtspunkt. Der Weg senkt sich wieder, wird etwas weniger deutlich, an manchen Stellen ist er abgerutscht, man halte sich eher rechts. Wenn man den Wandbereich erreicht hat, ist es leichter den Weg zu finden, da er immer am Wandfuß entlanggeht. Man gelangt in gleicher Richtung Wegspuren folgend zu einem Sattel, wo der Weg deutlich besser wird, hier befinden sich links in den Felsen gesprengte Unterstände des Ersten Weltkrieges und Reste eines Brunnens; die hierherführende Wasserleitung konnten wir nicht erkennen (ca. 390 m, 1.00 h/2.00 h). Kurz darauf mündet von rechts ein Weg von Corno herunter ein (vgl. Tour 30!). Wir gehen geradeaus weiter und ziemlich steil durch Laubwald bergab in eine Weinbergzone, der wir auf Weg zur Straße hin folgen (175 m, 0.20 h/2.25 h). Wer den 700 m stark befahrener Asphaltstraße nach rechts (dann zweigt links ein Sträßchen nach Nago ab) entkommen will, geht ca. 100 m nach links, erreicht einen hier rechts abzweigenden Fahrweg, dem er nur ein paar Meter weit folgt, um dann über eine Weinbergmauer nach links hinunterzuklettern und auf einen weiteren Fahrweg zu gelangen, der entlang einem ellipsenförmigen Tal zum Sportplatz von Nago führt. Dort geht man rechts auf der alten Bahntrasse weiter (Vorsicht auf die LKWs vom Steinbruch!), quert einen Damm und erreicht jenseits ein hier nach links abzweigendes Asphaltsträßchen, das ohne nennenswerten Verkehr nach Nago führt (229 m, 0.40 h/3.00 h).

Blick vom Aufstieg zum Monte Altissimo über das Tal von Loppio zum Monte Stivo. Das große Tal in der Mitte ist das Valgresta-Tal.

Tour 32 Val di Gresta und Monte Biaena

	Weg 1	Weg 2
S	1	2
Z	Ht	T
H	0 m/200 m; 584 m/794 m	600 m/600 m; 1018 m/1615 m
V	Die Val di Gresta hat ein besonders mildes submontanes Klima mit Elementen sowohl montaner (Vogelbeere) als auch mediterraner (Steineiche an Steilhängen) Klimazonen. Der Monte Biaena liegt bereits in der montanen Zone.	
B	Im Hochwinter manchmal, im Winter phasenweise verschneit oder eine dünne Schneedecke mit vereisten Stellen	
A	Pannone, Bus von Rovereto–Ronzo–Chienis, Bus von Rovereto	
E	Valle San Felice, Bus von Ronzo–Chienis, Bus von Rovereto–Ronzo–Chienis über Pannone, Bus nach Rovereto	
W	Bars in Pannone, Valle San Felice, Ronzo und Chienis	
L	Wanderkarte Ronzo - Chienis 1:15 000, hrsg. v. C. A. I./ S. A. T., kostenlos im Fremdenverkehrsamt, Kompass-Karte 1:50 000, Bl. 101, Rovereto - Monte Pasubio, Italienische Karte 1:50 000, Bl. 80, Riva del Garda. Lageskizze auf Seite 136.	

Die Val di Gresta ist ein klimatisch begünstigtes Hochtal, das sich gegen Süden zum Loppiotal öffnet. Trotz seiner Höhe – Ronzo liegt 1018 m hoch! – hat das Tal milde Winter. Der Monte Biaena über dem Tal, vom Etschtal aus deutlich zu sehen und als prägnante Berggestalt gut zu merken, hat mehrere reizvolle Anstiegswege, deren einen wir hier vorstellen. Kühle Aufstiegsstrecken auf der West- und Nordwestflanke werden durch die Wärme und den herrlichen Ausblick des Gipfelplateaus wettgemacht.
Unsere beiden Wegvarianten sind für ganz unterschiedliche Wetter- und Wintersituationen. Der erste, kurze Weg ist ein hübscher Spaziergang auf der ehemaligen Straße hinauf in die Val di Gresta, auf der heute kein Mensch mehr fährt oder geht. Das ist etwas für jene Tage, an denen in den Waldgebieten des Monte Biaena tiefer Schnee liegt, bevor die Sonne so lange und intensiv zugeschlagen hat, daß nur noch Reste davon vorhanden sind. Man sieht den Zustand des Westhanges des Monte Biaena von Pannone aus, von wo aus unser Spaziergang beginnt. Der andere Vorschlag ist einer

Pannone im Valgresta-Tal,
im Hintergrund der Monte Biaena

für Tage, an denen längere Sonnenscheindauer und gutes Wetter den Schnee weggeräumt haben, wenn der Monte Biaena gegen einen blauen Himmel glänzt und man meint, den Gipfel über seinem steilen Südabbruch mit Händen fassen zu können. Weg 1 ist ein Spaziergang, man läuft hinunter ins nächste Dorf und nimmt den Bus zurück zum Auto, ist man mit dem Bus gekommen, steigt man dort wieder in Richtung Rovereto oder, mit umsteigen in Loppio, nach Riva. Anders die zweite Variante, das ist eine echte Bergwanderung. Oben kann es auch an warmen Tagen recht kalt sein, wenn man zwischen Kiefern und im Schatten steigt, die letzten Meter vor der kleinen Hütte unter dem Gipfelplateau können schließlich ziemlich eisig sein. Sie haben die Wahl!

Der Weg

Variante 1

Von Pannone (758 m) geht man auf der Straße talauswärts bis zur ersten Linkskurve, hier schneidet man auf einem Fahrweg ab. Vorher hat man schon über ein nach links führendes, beschildertes Sträßchen (»Castel Gresta«) die Reste der alten Burg besucht, die über die Val di Gresta wachte, und ist zur Hauptstraße zurückgekehrt. Wo man die Asphaltstraße nach der Abkürzung wieder erreicht, geht man nach links, bis rechts ein Sträßchen im spitzen Winkel abzweigt. Diesem Sträßchen folgt man ziemlich steil bergab, vorbei an einem hübschen Bildstock etwas oberhalb, und erreicht bald die Valle San Felice mit der rechts liegenden alten Kirche der heiligen Anna mit Innenfresken. Bei der Brücke (558 m) geht es jenseits wieder hinauf in den Ort Valle San Felice, bei der Kirche (584 m, 1.00 h) findet man die Bushaltestelle.

Variante 2

In Ronzo (1018 m) geht man aus der Ortsmitte leicht absteigend nach Osten aus dem Ort hinaus (Hinweisschilder »Centro Sportivo«). Man erreicht Sportanlagen und Picknickplatz des Doppelortes Ronzo-Chienis, von dort hat man nach rechts (südlich) einen Fahrweg, der in den Wald weiterführt. Nach etwa 600 m zweigt nach links ein markierter Wanderweg ab (»Rif. S. A. T. Biaena«), mit dem wir zunächst mäßig ansteigend, später ziemlich steil durch Wald aufwärts wandern. Eine Forststraße wird gequert, ein Weg mündet von rechts ein, und die Steigung wird wieder schwächer, bis wir schließlich die kleine Hütte unter dem Gipfel (1600 m, 2.00 h) und den Gipfel (1615 m, 0.10 h/2.10 h) erreichen. Der Abstieg erfolgt auf demselben Weg (1.20 h/3.30 h). Wer den Nordabstieg wählt (»Rif. Somator«), muß mit einem mindestens eineinhalb Stunden längeren Weg und stärkerer Schneelage rechnen!

Gebiet 6
Das Westufer des Gardasees zwischen Gardone und Limone

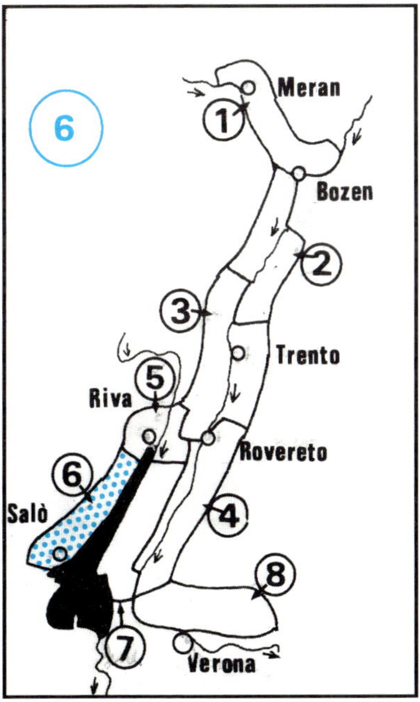

Das dramatische Westufer des Gardasees mit seinen spektakulären Felswänden, die senkrecht ins Wasser stürzen, ist ein Winterwanderparadies. Gerade wegen der steilen Felswände speichert diese Landschaft enorm viel Wärme, und der See trägt dazu bei, daß das Klima ganzjährig mild und wanderfreundlich ist. Wo man im Sommer nur flieht, weil man bei lebendigem Leibe gegrillt wird, zieht es den Wanderer im Winter hin, an die Wände direkt über dem See. In unserem »Wanderführer Gardasee« haben wir die direkten Anstiege nach Tignale und Tremòsine erst gar nicht angeführt. Wir wollten ja nicht an Verbrennungsaktionen unschuldiger Touristen durch die Sommer- und Frühherbstsonne schuldig sein. Schließlich wird so ein Wanderführer ja meist in dieser Saison genutzt. Aber in diesem Wanderführer wollen wir sie aufzählen, gerne aufzählen, weil es wirklich wundervolle Wege sind, phantastische Ausblicke bietend und oft von überraschender Routenführung, man muß ja durch Steilwände gehen, ohne die Begeher in Gefahr zu bringen. Schließlich waren es die Fischer und Bauern der Dörfer vierhundert Meter über dem See, die diese Wege gebaut haben und nicht irgendwelche Kletterfexen. Aber keine Angst, auch für diejenigen, die ungern solche Steilwege gehen, ist was dabei, Tour 33 zum

Beispiel, ein herrlicher Spaziergang über Gardone, oder die Tour 35, die »Lorbeerwanderung« von Bogliaco nach Supina, etwas für die ganze Familie!

Tour 33 Von Gardone Riviera nach San Michele

S	1
Z	Ht
H	350 m/350 m; 70 m/400 m
V	Quasi-mediterrane Steineichenvegetation bis halbe Höhe, meist als Garten oder Park, Ölbaumhaine; darüber die Flaumeichenstufe
B	Ganzjährig schneefrei
A/E	Gardone Riviera, Busverbindung von und nach Brescia und Gargnano bzw. seltener nach Riva
W	Restaurants und Bars in Gardone, Bar in Tresnico
L	Italienische Karte 1:50 000, Bl. 100, Salò

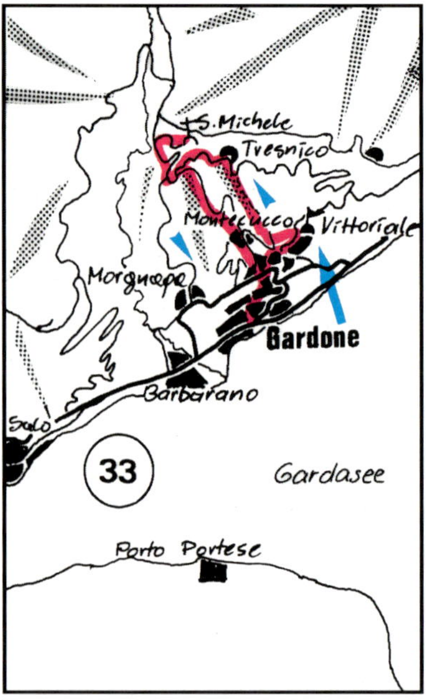

Gardone Riviera ist eine wahre Gartenstadt. Private und öffentliche Gärten laden zum Besuch ein, Zedern, Zypressen und Palmen wachsen ganzjährig draußen im Freien und fühlen sich offensichtlich wohl. Der Privatgarten des Doktor Hruska aus der Zeit vor dem Ersten Weltkrieg ist weit über Gardone hinaus berühmt geworden, er umfaßt mehrere Boden- und Vegetationszonen und ist zu jeder Jahreszeit eine Pracht, wir kommen direkt daran vorbei. Aber auch der Parco pubblico, die Gärten in der Nähe der Villa Alba mit ihren herrlichen alten Magnolienbäumen, der Garten des Vittoriale sind alle Aufmerksamkeit wert. Ganz zu schweigen von der natürli-

Ölbaumhaine bei San Michele oberhalb von Gardone. Der Blick geht auf den Südteil des Gardasees, deutlich ist die Kuppe der Rocca di Manerba zu sehen.

chen Vegetation oberhalb des Ortes (wir schweigen natürlich nicht), Anfang März blühen Veilchen, Stengellose Primel, Hahnenfuß, Buchs-Kreuzblume (Polygala chamae buxus, Poligala falsobosso), Wundklee, Schlehe, Weißdorn, Frühlings-Fingerkraut, Stinkende Nieswurz und Südliches Lungenkraut, Immergrün, Buschwindröschen und Leberblümchen. Unser Weg verläuft durchwegs im Sonnenschein, das kann auf dem Wegstück zwischen Gardone di Sopra und Tresnico auch mitten im Winter ganz schön warm werden!

Der Weg

In Gardone (ca. 70 m) folgt man, beispielsweise an der Hauptstraße beim Grandhotel, den Schildern zum Botanischen Garten Hruska, geht rechts am Eingang des Gartens vorbei in die Via Hruska und gleich links weiter durch einen Park, hier Schild »Vittoriale« mit Fußgängerzeichen. Weiter über Treppe, Straßenquerung, jenseits wieder Schild »Vittoriale« am Beginn eines alten Maultiersträßchens, das ins alte Gardone hinaufführt, die für Autos gesperrte Altstadt liegt dann rechts von uns. An einem kleinen Platz

der Albergo agli Angeli mit uraltem Mandelbaum, der Mitte März blüht. Weiter durch den alten Ort bis zur Pfarrkirche (126 m, 0.25 h), jenseits einer Asphaltstraße liegt der Vittoriale. Wir gehen – eventuell nach dem Besuch dieser Stätte der Heldenverehrung – durch einen Bogen nach links auf die Via Dosso, halten uns bei einer Gabelung links mit Schild »Montecucco« und dann rechts mit dem Schild »Via Montecucco«. Diese Straße führt den Rücken nach Tresnico hinauf; wo sie nach links abbiegt und rechts eine ebenfalls asphaltierte Zufahrt zu einem Haus hinaufführt, bringt uns ein genau in der Mitte und auf dem Rücken verlaufender Maultierweg weiter. Er führt steil durch Lorbeergebüsch auf einen terrassierten Ölberg, hier hat man herrliche Ausblicke auf Gardone und den See. Weiter geht es schnurgerade, bis man die hier querende Via Panoramica (ca. 315 m, 0.45 h/1.10 h) nach Tresnico erreicht.
Nun auf dieser Straße nach links und über Tresnico hinaus weiter, ein nach unten weisendes Schild »Gardone di Sopra« fällt uns knapp vor einer scharfen Rechtskurve hinter Tresnico auf, hier führt unser Abstiegsweg hinunter. In einer weiteren Kurve zweigt links ein geschotterter Weg nach Morgnaga ab (auch auf ihm könnte man angenehm und aussichtsreich absteigen), unmittelbar danach ein Zeichen, das auf eine Treppe weist »Scorcatoia per S. Michele«, sie stellt eine Abkürzung dar. San Michele erreicht man vom Paß (ca. 380 m) in wenigen Minuten (400 m, 0.40 h/1.50 h).
Zurück bis zum Schild »Gardone di Sopra« und auf altem, gut gepflastertem Maultierpfad durch Ölbäume, später auf Fahrweg und durch Gärten hinunter nach Gardone di Sopra, wo man die Straße nach Morgnaga erreicht, von dieser führen mehrere gekennzeichnete Wege hinunter an den See (70 m, 1.10 h/3.00 h).

Tour 34 Auf den winterlichen Monte Pizzòcolo

S	3 (im Winter, sonst 2)
Z	T
H	700 m/700 m; 872 m/1582 m
V	Diese Wanderung führt von der submediterranen Flaumeichenstufe bis zur montanen Buchenstufe, die Gipfelregion ist heute baumfrei, zwei große Bergahorne erinnern aber an die ehemalige Bewaldung
B	Nach Schlechtwetterperioden verschneit und vereist, aber wegen der Seenähe bald wieder aper, dann jedoch Schnee- und Eisreste an flachen Stellen im höchsten Bereich
A/E	Fasano an der westlichen Gardasee-Uferstraße (Busse von und nach Brescia und seltener Riva) bzw. S. Urbano, Autostraße ab Fasano
L	Italienische Karte 1:50 000, Bl. 100, Salò, Kompass-Karte 1:50 000, Bl. 102, Lago di Garda, Wanderkarte Gargnano 1:30 000

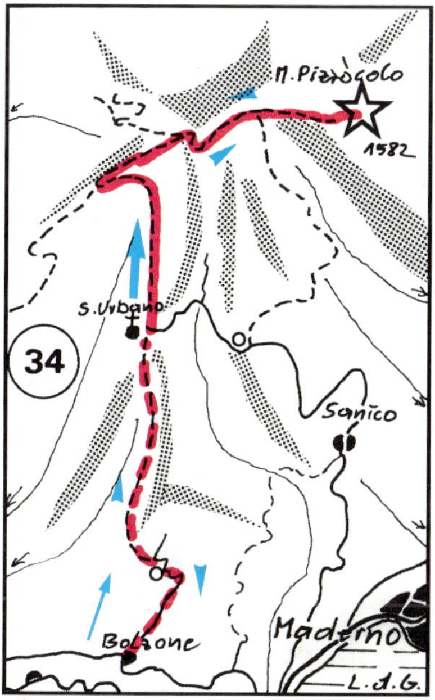

Für eine Winterwanderung führt unser Weg ganz schön hoch, 1581 m, so hoch ist der Monte Pizzòcolo – im Winter nicht zu verachten und selbst hier am Gardasee häufig mit Schneestapfen verbunden. Aber ebenso häufig eben auch nicht, in manchen Jahren fällt nur ganz wenig oder gar kein Schnee, häufig ist der Gipfel des Berges, den man von weitem sieht, schon Ende November in Weiß gehüllt, aber bereits Mitte Dezember hat sich wieder die normale dunkle Farbe eingestellt, die erst irgendwann Mitte oder Ende Februar noch für ein paar Tage vom Weiß des Neuschnees abgelöst wird. Und der Monte Pizzòcolo ist durch seine isolierte Lage am Südfuß der Alpen und

Monte Castello und Monte Pizzòcolo von Norden an einem eher kalten Wintertag (Januar)

durch den Umstand, daß er soviel höher ist als die meisten anderen Berge im weiten Umkreis, ein überragender Aussichtsbalkon – im Winter ganz besonders, weil die Luft dann klarer ist, die Sicht weiter trägt als in allen anderen Jahreszeiten! Unvergeßlich der Blick über die im Nebel versunkene Poebene, den fast schwarzen See und die in strahlendes Weiß gehüllte Gipfelkette des Monte Baldo auf der anderen Seeseite! Auch der Blick zum Monte Spino im Westen und direkt vor uns ist eindrucksvoll, seine schon etwas vom See zurückgesetzte Lage läßt auf diesem Berg den Schnee früher und länger liegen als auf dem Monte Pizzòcolo. Das soll nicht heißen, daß wir nicht zwischen Mitte November und Ende März Schneereste, ja sogar einige vereiste Stellen antreffen, aber da der Weg ganz einfach, ungefährlich und auch an keiner Stelle ausgesetzt ist, kann man unseren Wandervorschlag das ganze Jahr über machen. Die nach dem Winter eindrucksvollste Zeit für eine Wanderung auf den Pizzòcolo ist wahrscheinlich der Spätherbst, wenn vor dem Wintereinfall die allerhöchsten Rotbuchen über der Malga Valle unter der Scharte zwischen Westgipfel und Hauptgipfel noch in gold-rot-braune Farbtöne getaucht sind. Die letzten Touristen haben den Gardasee verlassen, die meisten Hotels und Restaurants sind geschlossen, die Besitzer denken nur noch an den wohlverdienten Urlaub auf Gran Canaria. Wir haben diesen Berg, diese Landschaft, den ganzen See für uns. In der Poebene, im Etschtal, in den Ebenen Mittel- und Nordeuropas liegt Nebel, hier oben kann man nicht glauben, daß dieser Nebel Wirklichkeit ist, wirklich ist nur die kalte, klare Luft, die Stille, die Bläue des Himmels, die Schwärze des Sees, der Schrei der Dohlen.

Der Weg

Man erreicht S. Urbano (872 m) über die recht steile Zufahrtsstraße. Dort wendet man sich rechts auf einen Fahrweg, der auf den Rücken Dosso del Barbio führt. Man bleibt auf diesem Weg, er leitet nach links durch das oberste Poianotal und auf einen anderen Rücken. Hier rechts hinauf auf den Rücken Le Prae bis zu einem Fahrweg von links. Nun mit diesem Fahrweg nach rechts, ab hier Markierungen. Er führt etwas ansteigend, dann fast eben südlich um den Westgipfel herum, erreicht eine große Scharte (rechts geht es hinunter zur Alm Valle) und dann den Gipfel (1581 m, 2.30 h). Rückweg auf derselben Strecke (2.00 h/4.30 h).
Wer den Weg über den Monte Lavino vorzieht, beginnt in Bolzone, das durch ein Sträßchen von S. Michele bzw. von Fasano her erreicht wird. Der Weg führt durch Wald, an manchen Strecken könnte an kalten Tagen die eine oder andere vereiste Stelle sein.

Tour 35 Lorbeerbaumwanderung von Bogliaco nach Supina

S	1
Z	Ht
H	200 m/200 m; 75 m/ca. 255 m
V	Quasi-mediterrane Flora des Gardasees, besonders auffällig die Lorbeerbäume
B	Immer schneefrei
A/E	Westliche Gardasee-Uferstraße bei km 82, südlich von Bogliaco
W	Bar - Ristorante Bertansi auf dem Weg nach Supina, Bars in Fornico auf dem Rückweg, Wasser in den Ortschaften
L	Wanderkarte Gargnano 1:30 000 der Com. di Gargnano, Kompass-Karte 1:50 000, Bl. 102, Lago di Garda, Italienische Karte 1:50 000, Bl. 100, Salò

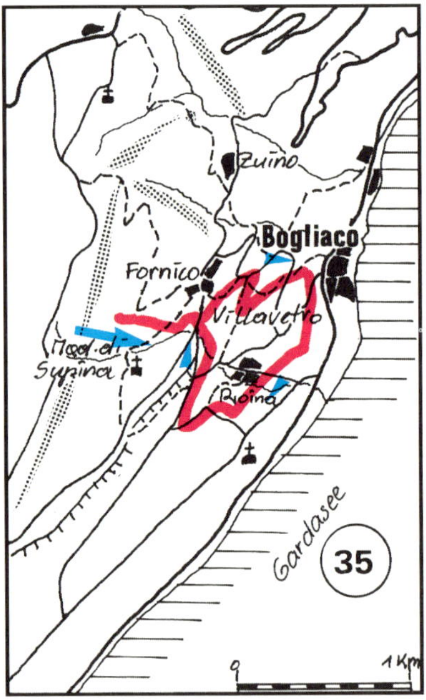

Links und rechts begleiten uns Lorbeerbäume auf dieser kleinen Wanderung. Hier ist alles immergrün, die Lorbeerbäume eben, die als Wegbegrenzungen gesetzt wurden, die Ölbäume in den Hainen, Zypressen und Kotoneaster, der Mäusedorn als Unterwuchs. Fast immergrün ist der Ginster, er blüht schon im Spätwinter. Verwilderte Schwertlilien beginnen im März zu blühen, gleichzeitig mit den Schopfträubelchen unter den Ölbäumen. Dann blühen überall an den Mauern Stengellose Primeln und Immergrün, die Veilchen und die goldgelben Blütenbüschel der Kornelkirsche leuchten im Flaumeichenwald.

Unsere Wanderung führt zu einer alten Kirche, der Madonna di Supino, sie steht einsam über der Lorbeer- und Ölbaumlandschaft von Bogliaco. Leider kann man sie selten besuchen, aber an jedem ersten Sonntag im Monat gibt es Messe, im Winter (X–II) um 15 Uhr, im Sommer um 16 Uhr.

Der Weg

Von der westlichen Gardasee-Uferstraße südlich Bogliaco (km 82, Ortsschild »Bogliaco«, ca. 75 m) geht man nach links mit Schild »Locino« und nach hundert Meter rechts in die Via Roina, ein schmales Sträßchen zwischen hohen Mauern, das uns nach Roina (122 m) führt. Beim Brunnen geht es links in die Via Mornaga, durch einen Bogen hindurch und noch schmäler weiter auf Erdsträßchen. Links im Bachbett blühen im Vorfrühling Veilchen, Primeln, Immergrün, Hahnenfuß und Gänseblümchen. Nach einem Minitälchen erreicht man eine Asphaltstraße, man folgt ihr nach rechts und erreicht nach dem Restaurant Bertansi einen links abzweigenden alten Karrenweg. Er führt durch Ölbaumhain und Flaumeichenwald und immer wieder auf dieser Wanderung zwischen Lorbeerbäumen auf eine große Verebnung mit kleiner Wegkapelle (ca. 230 m,

Lorbeerbäume begrenzen Wege und Wiesen bei Bogliaco.

0.30 h), die an ein kleines Häuschen an der Schotterstraße angebaut ist.
Nun nach rechts und hundert Meter weiter mit Schild »Supina« nach links auf betoniertem, dann geschottertem Weg hinauf zur Kirche Madonna di Supina (ca. 255 m).
Das Schild »Fornico« weist hinter der Kirche auf einen Fußweg weiter, ein Bachtal wird gequert und ein Fahrweg erreicht. Hier wieder Lorbeerhecken, Efeu, Brombeere, Mäusedorn, Immergrün. Die gekappten Lorbeerbäume haben gesunde Stockausschläge und bilden dichte Hecken. Am Ortseingang von Fornico Mandelbäume. Man quert Fornico (207 m, 0.30 h/1.00 h) von oben nach unten, eine Querstraße mit dem Schild »Supina« wird nicht beachtet. Am Ortsausgang ist rechts die alte Waschstelle des Ortes. Hier beginnt ein schmaler, zunächst asphaltierter Verbindungsweg, der im Linksbogen und nun mit altem Pflaster zu einer größeren Straße leitet. Hier rechts und nach 30 m wieder rechts auf einen Erdfahrweg, der, wieder von Lorbeer und diesmal auch von Hirschzunge begleitet, auf die Fahrstraße oberhalb von Roina führt, durch das man wieder zum Ausgangspunkt zurückkommt (0.30 h/1.30 h).

Tour 36 Von Muslone auf die Rocchetta zur Cima Comèr und auf den Monte Denervo

	Variante Rocchetta	Variante Monte Denervo
S	1	2/3
Z	Ht	T
H	450 m/450 m; 463 m/913 m	100 m/100 m; 463 m/1459 m
V	Flaumeichenstufe mit Einsprengseln mediterraner Pflanzen, im oberen Teil montane Buchenstufe mit schönen Exemplaren auf dem Monte Denervo	
B	Im Teilstück Val Dàer möglicherweise Schneelage und Eisflächen, sonst meist ganzjährig schneefrei	
A/E	Muslone, Straße von Gargnano, bis dorthin Bus von Salò bzw. (seltener) Limone/Riva	
L	Wanderkarte Gargnano 1:30 000 der Com. di Gargnano, Kompass-Karte 1:50 000, Bl. 102, Lago di Garda, Italienische Karte 1:50 000, Bl. 101, Malcèsine	

Unvergeßlich die riesigen alten Rotbuchen auf dem Monte Denervo. Im Sommer weiden die Kühe darunter, die Bäume hier sind überstehend, man hat sie stehengelassen, damit sie Schatten

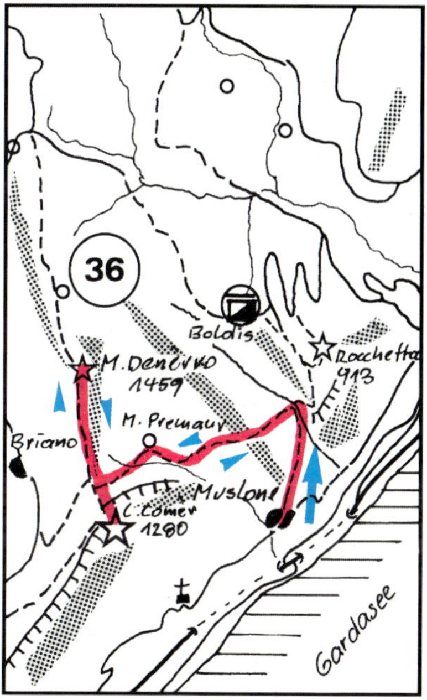

spenden – nur Reste eines ehemals dichten Rotbuchenwaldes. Im Vorfrühling blühen in diesen Wiesen Tausende von Hundszahnlilien, wie mit einem rosaroten Schimmer überzogen sehen die Wiesen dann aus. Der Blick von hier ist bemerkenswert, der Monte Denervo liegt schon in zweiter Reihe hinter dem Gardasee, dadurch sind von seinem Gipfel die Berge der westlichen Begrenzung der Gardaseeberge zu sehen. Den Monte Pizzòcolo sieht man, Monte Spino, den nicht sehr hohen, aber eindrucksvollen Monte Fassane über dem Valvestino-Stausee, Monte Stino über Capovalle, Monte Cingla, Tombea, Caplone, die meisten schneebedeckt, nur Denervo selbst und Pizzòcolo sind häufig schneefrei. Der Weg herauf ist anstrengend, im Val Dàer möglicherweise vereist, man geht ein Stückchen auf dem kalten Nordhang. Erst bei der Malga Premaur kommt man wieder in die Sonne, wenn man nicht zu früh oder zu spät dran ist, denn dann ist die Alm, die sich in den Schatten der Cima Comèr duckt, im Winter schon nicht mehr in der Sonne.

Der Weg

Von Muslone (462 m) steigt man zu den höchsten Häusern hinauf und findet einen markierten Weg, der durch alte Terrassen zum Waldrand führt. Als steiler Schlittenweg führt er weiter, im Wald gabelt er sich. Rechts geht es hinauf zur Rocchetta (913 m, 1.30 h, Rückweg nach Muslone 1.00 h, gesamt 2.30 h) mit traumhafter Aussicht über den mittleren Gardasee. Wer will, kann noch auf dem Rücken weitergehen bis zum bewirtschafteten Hof Boldis (Neubau in Aussichtsposition oberhalb des alten Hauses).
Wer links abzweigt, kommt auf den Weg zur Malga Premaur. Er führt durch Wald, quert zwei Bachtäler (941 m, ca.100 m) und erreicht nach Richtungsänderung die rechts oben gelegene Malga Premaur (1165 m, 2.15 h). Nun wieder nach Westen (links) und mit

Im Gipfelbereich des Monte Denervo wachsen alte Rotbuchen.

markiertem und beschildertem Weg zur Scharte zwischen Cima Comèr und Monte Denervo. Nach links zur Cima Comèr mit herrlicher Aussicht (1279 m, 0.30 h/2.45 h), wieder hinunter zur Scharte und geradeaus hinauf zum Monte Denervo (1459 m, 1.00 h/ 3.45 h), der Weg führt streckenweise über niedrige Gratfelsen. Zurück über die Scharte und auf dem Hinweg bis Muslone (462 m, 2.15 h/6.00 h).

Tour 37 Vom Porto di Tremòsine über Pieve und Pregasio nach Campione

S	4
Z	Ht
H	400 m/400 m; 67 m/477 m
V	Steineichenvegetation in den Steilhängen, Flaumeichenstufe auf dem Plateau
B	Ganzjährig schneefrei (ganz kurze Schneephasen auf dem Plateau)
A	Porto di Tremòsine, Bushaltestelle der Busse entlang dem Westufer und kleiner Parkplatz
E	Campione, Bushaltestelle der Busse entlang dem Westufer
W	Pieve, Pregasio, Campione
L	Kompass-Karte 1:50 000, Bl. 102, Lago di Garda, Italienische Karte 1:50 000, Bl. 101, Malcèsine

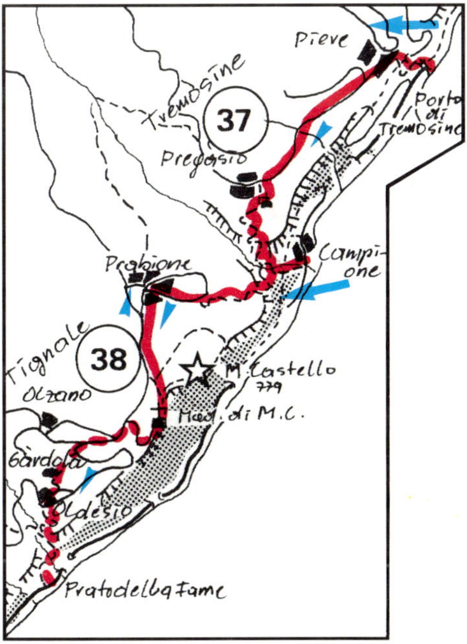

In den steilen Felswänden, die unterhalb von Tignale und Tremòsine in den Gardasee stürzen, leben die wärmeresistentesten Pflanzen des ganzen Sees. Hier wechsen Kapernstrauch (Capparis spinosa) und Rosmarin (Rosmarinus officinalis), Phillyrea latifolia, Terebinthe, roter Oleander, Buchs und natürlich die Steineiche, der es oben auf den besiedelten Plateaus schon zu kalt ist. Woraus hervorgeht, daß man die im übrigen unproblematischen Aufstiege durch diese Wände nicht im Sommer

probieren sollte, sie sind unerträglich heiß. Wer den Weg andererseits in den kühleren Jahreszeiten geht, insbesondere an milden Wintertagen, wird vielfach belohnt. Hier ist es wärmer als an anderen Stellen des Sees, die Nordlichter jenseits der Alpen können sich gar nicht vorstellen, wie warm es hier werden kann. An manchen Tagen verlassen die Erdbienen ihren Bau und umschwirren die wenigen Blüten des Winters, Stinkende Nieswurz, Grüne Nieswurz und natürlich die hier schon Mitte Januar blühende Turm-Gänsekresse.
Die von uns verwendeten Wege waren lange in Gefahr völlig abzukommen. Durch den Bau der Straße auf die Hochplateaus von Tignale und Tremòsine wurden die alten Verbindungen vom See zu den Dörfern hinauf bedeutungslos und verfielen. Wer wollte noch 400 Höhenmeter hinauf und hinunter durch die Steilwand gehen, wenn er eine moderne Straße zur Verfügung hatte? Alpinivereine haben in den letzten Jahrzehnten eingegriffen und die Wege wieder instand gesetzt. Unser Abstiegsweg war vor diesem Eingriff extrem gefährlich geworden, heute ist er für Schwindelfreie ein wahrer Genuß und für Trittsichere auch völlig ungefährlich.

Der Weg

An der Haltestelle des Busses beim ehemaligen Hafen von Tremòsine (67 m) ist auch ein kleiner Parkplatz für unverbesserliche Autofahrer. Im Sommer sollte man gar nicht erst versuchen, hier zu parken, es ist aussichtslos, im Winter hat man normalerweise Glück.
Jenseits der Straße findet sich eine Plakette für den Erbauer der westlichen Gardaseestraße, den Ingenieur Riccardo Cozaglio. Hier leiten ein paar betonierte Stufen zu einem nach links führenden Weg in einen Zypressenhain. Nach einer Rechtskurve kommt ein steileres Stück mit Betonstiege, die zur Straße nach Tremòsine führt. Man quert sie und geht steil und in vielen Windungen weiter, bis man die Hochebene bei Pieve erreicht, zuletzt ziemlich ausgesetzt. Aber eine kleine Madonna wacht gerade auf diesem Abschnitt in ihrer Höhle, daß auch alles gutgeht. In Pieve (435 m, 1.00 h) geht man nach links durch den Ort und auf der Straße weiter bis Pregasio (477 m, 0.30 h/1.30 h).
In Pregasio wendet man sich bei der Kirche nach links und kommt zu einem Restaurant. Hier nach rechts und in einen Ölbaumhain hinunter. Ab diesem führt ein in die Felsen gesprengter und befestigter Weg hinab nach Campione. Man kann ihm nicht entkommen, bis man auf einem Eisensteg die Schlucht von Campione quert, dann kann man sich links oder rechts wenden. Links geht es hinunter in den Ort Campione (70 m, 0.30 h/2.00 h), rechts hinauf zur Madonna di Tignale (dazu siehe Tour 38!).

Abstieg von Tremòsine auf dem alten Weg durch die Felsen über dem Gardasee

Tour 38 Von Campione zur Madonna di Tignale mit Variante Abstieg zum Prato della Fame

S	4
Z	Ht
H	700 m/700 m; 70 m/779 m
V	Steineichenvegetation in den steilen Wänden, feuchtere Schluchtwaldelemente im Torrentetal (hier leben auch Feuersalamander!); auf der Anhöhe Flaumeichenwald, Ölbaumhaine
B	Nur im Hochwinter im Schatten des Monte Castello dünne Schneedecke
A/E	Campione, Busse nach Brescia und (seltener) Riva
E	Nur Variante: Prato della Fame, Bushaltestelle der Busse an der Westuferstraße, kleiner Parkplatz
W	Bars und Trattorien in Campione, Prabione, Gàrdola, Oldesio, Prato della Fame
L	Italienische Karte 1:50 000, Bl. 101, Malcèsine, Kompass-Karte 1:50 000, Bl. 102, Lago di Garda. Lageskizze auf Seite 157.

Von unten sieht dieser Weg schier unbezwingbar aus. Wie soll man durch diese Wand, die sich über Campione aufbäumt, einen Weg finden? Der Trick ist, daß man in das steile Tal des Torrente hineinsteigt, das bei Campione die Felsen spaltet, und dann im Tal die nicht mehr so hohen und dort auch nicht so steilen Felsen überwindet. Wobei man das Glück hat, daß für eine Wasserleitung samt kleinem Stausee ein Tunnel geschlagen werden mußte, der den steilsten Wandteil durchsticht! Das Wasser war nötig, um die ehemalige Baumwollspinnerei mit Wasser und später mit Energie zu versorgen. Die Gebäude stehen noch, die Fabrik ist seit den Achtzigern geschlossen, Campione lebt heute vom Tourismus.
Der Weg bringt viele interessante und vor allem ganz unterschiedliche Eindrücke. Campione zuerst, ein Dorf, das aus Arbeiterhäusern besteht, ganz anders als die anderen Orte am See. Hier gab es in der Zwischenkriegszeit ein eigenes, großes Kino für die Angestellten der Baumwollspinnerei. Dann die Schlucht, der Tunnel, der Damm, der Blick senkrecht hinunter zum Torrente, ein Komplex aus Natureindrücken und Bewunderung der technischen Leistungen. Der Weiterweg durch Flaumeichenwald mit Tiefblicken auf Campione und den See, schwindelerregend liegt Campione direkt unter uns, die Wallfahrtskirche Madonna di Tignale auf ihrem von allen Seiten auszumachenden Sporn hoch über dem See. Vom Gipfel des Berges geht es 700 m senkrecht hinunter zum Wasser-

Campione vom Aufstieg nach Prabione

spiegel des Gardasees. Der Weg hinunter von Oldesio zum Prato della Fame schließlich, wieder ein Weg durch extrem steiles Felsgebiet, wo immer ein Baum Wurzel fassen kann, von Lorbeer, Steineiche, Zypresse, Kiefer bestanden. Der kleine Hafen schließlich, Prato della Fame heißt er, Hungerwiese, weil Seeleute, die hier angestrandet waren, früher keine Chance hatten, den über ihnen liegenden Ort zu erreichen, und Hunger leiden mußten, bis sie vom Wasser aus gerettet werden konnten. Der Weg, den wir im Abstieg gingen, schuf erst Abhilfe.

Der Weg

In Campione (70 m) quert man vom Platz aus den Torrente mittels einer Fußgängerbrücke. Dahinter geht man nach rechts auf einem Treppenweg weiter. Er führt zunächst durch Zypressen, überbrückt die alte Gardesana und windet sich dann oberhalb des südlichen Ufers des Torrente in die Felsen hinauf, immer gut gebaut, immer befestigt. Ein Tunnel führt zu einem hoch über dem Torrente in der Steilwand verlaufenden Kanal (Tiefblicke!) und zum Wasserstaubecken, dort eine Eisenbrücke nach rechts, hier kommt der Weg von Tremòsine herunter (vgl. Tour 37!).
Wir lassen die Brücke rechts und erreichen ein Gebäude, wo der Weg nach links in den bewaldeten Steilhang hinaufführt, an einer Stelle hat man einen herrlichen Blick auf Campione und den See. Auf der Hochfläche zeigt eine Tafel hinunter nach Campione, wir gehen weiter und erreichen bald Prabione (535 m, 1.00 h).
Von Prabione geht man nach links auf der Straße in Richtung Oldesio/Olzano, bis man den Weg sieht, der nach links hinauf zur Madonna di Tignale führt (691 m). Von dort aus ist es nicht mehr weit bis zum Gipfel des Monte Castello, der, wie wäre es anders zu erwarten, ein phantastischer Aussichtsberg ist (779 m, 1.00 h/2.00 h). Zurück auf dem Hinweg (1.20 h/3.20 h).

Variante: Abstieg zum Prato della Fame

Erreicht man nach dem Aufstieg zum Monte Castello wieder die Asphaltstraße Oldesio–Prabione, wendet man sich nach links und geht ihr entlang nach Gàrdola und links hinunter nach Oldesio (1.00 h/3.00 h). Dabei quert man Oldesio von oben nach unten und erreicht schließlich die Straße hinunter an den See. Hier beginnt gegenüber der Wanderweg hinunter zum Prato della Fame (rotweiß markiert, Nr. 1), der beim Restaurant al Prà die Gardesana erreicht (67 m, 0.30 h/3.30 h).

Tour 39 Vom Albergo Panorama bei Limone zur Punta dei Larici

S	3
Z	Ht
H	800 m/800 m; ca. 100 m/908 m
V	Im untersten Hangbereich quasi-mediterrane Vegetation mit Pinien, Steineichen, Zypressen; darüber Flaumeichengürtel und knapp unter der Alm die Buchenstufe, die hier als Lärchengürtel ausgeprägt ist
B	Selten Schnee, wenn aber ausnahmsweise im oberen Bereich Neuschnee liegt, ist äußerste Vorsicht nötig!
A/E	Albergo Panorama, etwa 2 km nördlich Limone an der Straße nach Riva, hier Bushaltestelle in Richtung Riva und Gargnano
W	Nur in Limone bzw. im Albergo Panorama, nicht auf der Strecke
L	Kompass-Karte 1:50 000, Bl. 102, Lago di Garda, und Bl. 101, Rovereto - Monte Pasubio, Italienische Karte 1:50 000, Bl. 101, Malcèsine, Wanderkarte Limone 1:12 500 des A. N. A. Limone

Bei diesem sehr steilen Weg in der Südflanke der Berge zwischen Limone und Riva ist es kaum zu glauben, daß er technisch so einfach ist. Steilheit und Sonnenexposition können an warmen Tagen selbst im Herbst und Frühjahr den Aufstieg beschwerlich machen, im Winter allerdings genießt man die Exposition. Als es noch Contrabbandisti gab, die zwischen Italien und Österreich den Schmuggel besorgten, war dieser Weg frequentierter als heutzutage. Seit dem Kriegsbeginn 1915 verfiel der Steig, rutschte an einigen Stellen ab, wuchs zu. In letzter Zeit wurde er wieder repariert, markiert, gangbar gemacht, man kann ihn wieder genießen. Und vor allem allein genießen, denn nicht nur fehlen die Schmuggler heutzutage, es fehlen auch die anderen Bergsteiger. Im Sommer mag sich hier der eine oder andere durch die brütende Hitze hinaufquälen, im Winter hat man diese ganze Panoramawanderung durch einen warmen Hang ganz für sich. Und oben wartet eine Aussicht mit drei Sternen, von der Punta Larici hat man einen Vogelflugblick über den ganzen Nordteil des Sees. Wer sich ein Fläschchen Roten mitgenommen hat, ein halbes Weißbrot, ein paar Scheiben Salami und eine Handvoll Oliven, der macht da oben das Picknick seines Lebens. Wasser nicht vergessen!

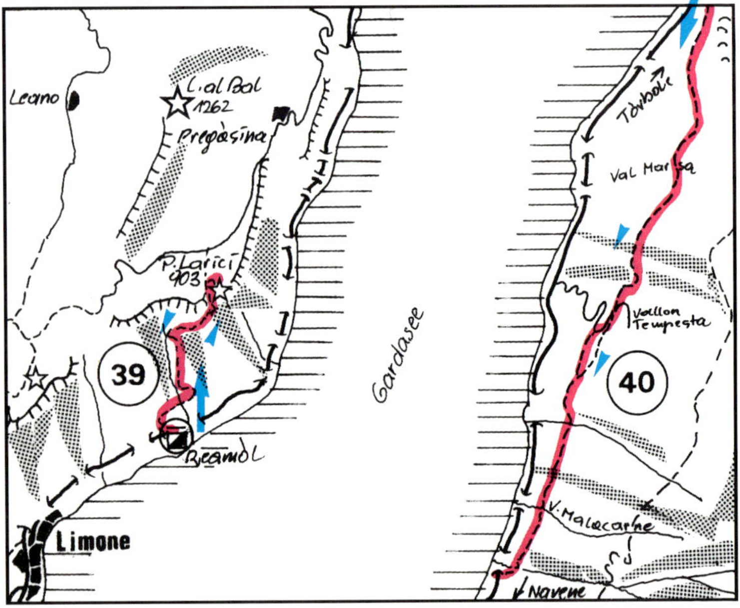

Der Weg

Gegenüber dem Albergo Panorama (100 m) befindet sich an der Bergseite der Uferstraße ein großer Parkplatz. An seiner Südseite (der Limone zugewandten Seite) führt ein eher sporadisch gekennzeichneter Weg durch Kiefern- und Zypressenwald hangaufwärts. Man folgt dem Weg bergan und tendenziell nach rechts, bis man sich über dem Albergo Panorama befindet, quert eine Schuttbahn und findet sich am Beginn eines langen Schuttkegels rechts von einem Trockental, den der Weg nun erbarmungslos zu erklimmen beginnt. Hier wieder einige Markierungen, die wir in der Folge selten einmal verlieren.
Man steigt bis auf etwa 600 m (1.15 h), wo man auf einer Verflachung einen schönen Aussichts- und Picknickplatz hat. Nun kurz abwärts in die Valle di Larici, jenseits wieder hinauf und zum Beginn eines Serpentinenanstieges in den Lärchenwald hinauf. Man erreicht die Hochfläche und die Alm Larici (81 m), hier ist es nur ein Katzensprung zur Punta dei Larici mit Traumausblick (908 m, 0.30 h). Rückweg auf demselben Weg (1.15 h/3.00 h).

Phantastisch ist das Panorama vom Aufstieg zur Cima Larici.

Gebiet 7
Das Ostufer des Gardasees und das Becken von Caprino

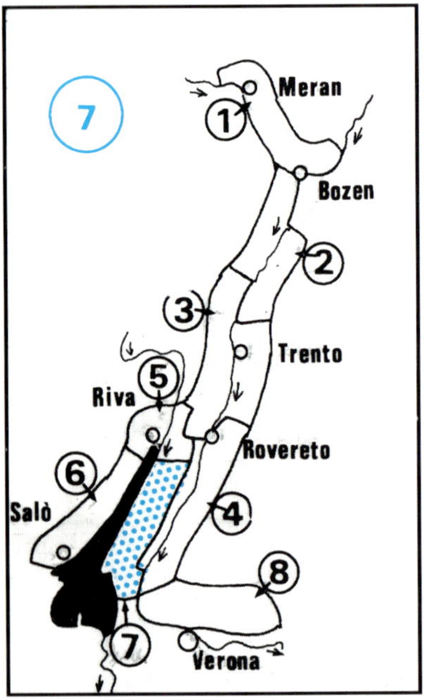

Ostufer des Gardasees, das ist der Monte Baldo. Wandern am Gardasee? Für Wanderer am Gardasee sind die Worte Gardaseeberge und Monte Baldo fast identisch. Und die meisten kommen zwischen Juni und September, mit deutlichem Maximum im Juli und August, die italienischen Bergsteiger vor allem. Dabei versäumen sie die witterungsmäßig schönsten Tage des Jahres. Der Berg ist nämlich während des Sommers fast immer in Dunst gehüllt. Wir haben schon mehrtägige Sommerwanderungen auf dem Monte Baldo gemacht, während derer wir den See nicht zu Gesicht bekommen haben. Anders in den kühlen Jahreszeiten. Wenn es im Spätherbst, im Winter, im Frühling ein Hoch gibt, setzt sich nicht der Dunst durch, sondern die Sonne. Der Himmel bleibt blau, nur unten am Südufer des Sees kann es sich zusammenziehen, wenn der Nebel aus der Padana heranrückt. Oben bleibt es schön, tagelang, wochenlang manchmal. Und weil der Baldo so weit nach Süden vorgeschoben ist und auch noch den warmen Gardasee zu seinen Füßen liegen hat, ist er meist bis in mittlere Höhen schneefrei – unsere Erfahrung nennt die 1800-m-Höhenlinie als sehr häufige Schneegrenze. Ganz zu schweigen von den seenahen Bereichen des Bergfußes. Dort ist es nicht nur mild, es ist manchmal regelrecht warm. So daß man alle die Wanderungen, die man sich im Sommer vorgenommen, aber wegen der brütenden Hitze dann doch nicht ausgeführt hat, jetzt im kühleren Teil des Jahres nachholen kann. Hier ein paar Vorschläge – vom Seeufer bis zur Schneegrenze!

Tour 40 Von Tòrbole über den Sentiero dei Paloni nach Navene

S	3 (4)
Z	Ht (T)
H	450 m/450 m; 68 m/ca. 505 m
V	Lecceta, also Steineichenwald (quasi-mediterrane Steineichenvegetation)
B	Ganzjährig schneefrei
A	Tòrbole, Bus von Riva, Rovereto und Verona
E	Navene, Bus nach Riva und Verona
W	Trattorien und Bars in Tòrbole und Navene, kein Wasser auf dem Weg
L	Wanderkarte Monte Altissimo 1:20 000, kostenlos im Fremdenverkehrsamt, Wanderkarte 1:25 000, Monte Baldo. Lageskizze auf Seite 136 und 164.

Wer die Wege kennt, die im südlichen Teil der Gardaseeflanke des Monte Baldo durch die Ölbaumzone führen, ahnt nicht, welche Formen dieser Vegetationsbereich im Norden zwischen Tòrbole und Navene annimmt. Im Süden folgt ein Dorf dem anderen, wechseln Wiesen, Ölbaumhaine, kleine Wäldchen ab, die Wege sind oft steil, aber immer gut gebahnt.
Ganz anders im Nordosten des Sees! Hier stürzen die westlichen Abhänge des Monte Altissimo mit steilen Hängen und unzugänglichen Felsrippen in den See, die Uferstraße verkriecht sich zumeist in Tunneln, und wo sie offen verläuft, fällt der Blick auf von Steineichen bewachsene Steilhänge ohne sichtbare Wege, ohne Häuser, ohne Siedlungen.
Dieser Teil des Baldo-Westabfalls in den Gardasee ist entsprechend einsam. Kaum je verirrt sich ein Wanderer hierher, wo es keine oder kaum feste Wege gibt. Doch seit kurzem existiert eine Markierung, die einen in etwa parallel zu den zwei Fernleitungen verlaufenden Weg nimmt und die unangenehmen Stücke der Traverse Tòrbole–Navene entschärft, wenn auch nicht ganz eliminiert. Die

Steiltobel sind nicht auf Dauer zu entschärfen, denn nach jedem schweren Unwetter ist der Weg wieder verschwunden, aber über den Gesteinsschutt läßt sich auch dann balancieren, wenn man nun dank der Markierung weiß, wo's langgeht.
Dennoch: einsam, langwierig, potentiell gefährlich (Wettersturz während der Wanderung könnte dazu führen, daß der Wanderer abgeschnitten wird, ein Unfall wird lange nicht bemerkt) und keinesfalls – wie in der Wanderkarte des Fremdenverkehrsvereins Tòrbole-Nago so bezeichnet – eine »Passeggiata«, ein Spaziergang. Und lassen Sie sich nicht von dem den Höhenlinien der Karte parallelen Verlauf des Weges täuschen, in der Natur geht es immer wieder scharf auf und ab, kein Wegstück, das nicht zumindest teilweise zum Auf- und Abstieg gemeistert werden muß, auch wenn die Karte wieder einmal eine hangparallele Wegführung verspricht.
Die »Lecceta« von Navene, die auf diesem Weg gequert wird, eigentlich die Riserva Naturale Integrale, »Gardesana Orientale«, ist der größte immergrüne Steineichenwald des Gardasees, eine wahre Wärmeinsel mit vorwiegend mediterranen Pflanzen. Auf dem Weg dominiert die Steineiche, aber man trifft zum Beispiel auch auf die ja ebenfalls hitzeresistente Schwarzkiefer.
Im frühen Frühjahr lockt die zierliche Hundszahnlilie, während man sich den Winter über mit der Stinkenden Nieswurz zufriedengeben mußte, später kommen verschiedene Orchideen, der Blutrote Storchschnabel und der rosafarben blühende Diptamstrauch und an den heißesten Stellen, auch noch im Sommer, der aromatisch duftende Thymus froelichianus und die Polster des Roten Seifenkrautes.

Der Weg

Vom alten Hafen in Tòrbole (68 m) geht man ein paar Dutzend Schritte in Richtung Malcèsine, bis man an den Beginn einer nach links abzweigenden Straße kommt, es ist die alte Ortsdurchfahrt. Ein Schild »Scalinata« weist nach links. Eine lange Treppe führt von dieser Straße abzweigend durch Kiefernwald, quert eine Straße, der Weg führt leicht links versetzt weiter und leitet getreppt bis zu einer weiteren Straße. Auf dieser Straße kurz links, dann bei Gabelung rechts. Das nun erreichte Sträßchen verlassen wir in einer scharfen Linkskurve, hier sind rechts Anlagen eines Trimm-dich-Pfades und das Schild »Sentiero dei Paloni«. Der Weg ist nach den Hochspannungsmasten zweier Leitungen benannt, die er bis Navene in unterschiedlicher Entfernung begleitet.
Der rot-weiß oder mit roten Tupfern bzw. Balken gekennzeichnete Weg führt steil und anstrengend durch Kiefernwald. Der Hang »Sal-

Der Sonnenuntergang vergoldet die Konturen beim Abstieg vom Sentiero dei Paloni nach Navene.

to di Capra« (Ziegensprung) verflacht sich erst bei einem Hochspannungsmast mit Traumaussicht (0.50 h). Weniger steil weiter, bis plötzlich vor uns das Val Marsa erscheint. Jetzt auf schlechtem Weg steil hinunter, das bewaldete Tal wird gequert (ein rechts abwärts verlaufender Weg interessiert uns nicht), leicht aufsteigend erreicht man bei einem Mast wieder die Hangschulter (0.30 h/1.20 h). Durch dichten Steineichenwald wandert man weiter, eine bis zu fünf Meter tiefe, normalerweise wasserlose Klamm mit riesigen Klemmsteinen wird auf gemauerter Brücke gequert, und wieder steht man vor einem steilen Tal, dem Vallon di Tempesta. Auch hier geht es in Serpentinen hinunter, der Weg ist hier besser als die Trampelkurven im Val Marsa. Unten erreicht man die vom Schwemmkegel Tempesta heraufziehende Forststraße (0.30 h/1.50 h), man folgt ihr abwärts, bis man nach wenigen hundert Metern links einen stumpf-orangeroten Pfeil sieht. Hier weglos links hinauf und immer orangerot markiert über Stock und Stein bis zu einem verwachsenen Forststräßchen. Diesem Sträßchen folgt man nach rechts und erreicht eine Schulter. Hier gabelt sich der Weg, man nimmt den rechten Ast und wandert auf nun steinigerem Weg hangabwärts, bis man ein von links einmündendes, ehemaliges Sträßchen erreicht, ab hier wieder rot-weiße Markierung, die uns ins nächste Tal hinunterführt.

Der Weiterweg ist besonders steinschlaggefährdet, nicht nur in den steilen Tobeln von Val della Laine und Val Malacarne, wo er immer wieder durch Unwetter weggerissen wird, sondern auch auf scheinbar sicheren Hangpartien, wo bei starkem Regen ganze Wandstücke abbrechen und herunterdonnern. Also, keinesfalls bei starken Regenfällen oder starker Wasserführung (Schneeschmelze auf dem Baldo!) weitergehen, sonst Lebensgefahr! Der Weg ist gut markiert und nicht zu verfehlen, verläuft oftmals oberhalb riesiger, zum Teil völlig zertrümmerter Schutzbauten für die tief darunter verlaufende Gardesana, an einigen Stellen etwas ausgesetzt, in den Tobelquerungen möglicherweise fortgerissen und dort nur über wenige Markierungen zu erahnen.

Bei einem Leitungsmast (1.10 h/3.00 h) scheint der Weg über einer Steilwand zu enden, der Traumausblick auf das Ostufer des Gardasees und Navene kommt so plötzlich, daß man einen gewissen Schreck nicht unterdrücken kann. Es geht aber rechts weiter und durch Steineichenwald in Serpentinen abwärts. Überraschenderweise darf der Wanderer dann noch ein gesichertes und mit Stahltritten versehenes Wegstück begehen. Schade, daß es nicht länger und schwieriger ist. Die Stelle ist nicht ausgesetzt, auch mutige »Nur-Wanderer« kommen hier problemlos hinunter. Unten geht man noch einmal durch Steineichenwald, erreicht einen Parkplatz vor dem Tunnel an der Gardesana und hat nach 500 m in Richtung

Navene nach einem Viadukt die Haltestelle des Autobusses und ein im Sommer geöffnetes Restaurant, im Winter muß man einen Kilometer weiter bis Navene gehen, um sich im Café erfrischen zu können (0.30 h/3.30 h).

Praktische Hinweise

Ganzjährig begehbar, immer schneefrei, im Sommer extrem heiß. Bei starkem Regen und während der Schneeschmelze wegen Steinschlaggefahr nicht begehen! Außerhalb der kühlen Jahreszeit, wenn überhaupt, dann in umgekehrter Richtung begehen. Feste Bergschuhe unabdingbar, sonst kein Halt auf dem Lockermaterial einiger Wegstrecken.
Schwindelfreiheit ist von Vorteil, aber auch Nichtschwindelfreie kommen mit einiger Vorsicht über die ein wenig ausgesetzten Stellen. Nichts für Kinder!
»Verhauer« (Fehler) sind auf diesem Weg nicht erlaubt, wer ihn geht, muß ausgezeichnetes Orientierungsvermögen haben. Man kehre lieber um, wenn man sich verlaufen hat, Abkürzungen sind besonders im zweiten Teil weder nach unten noch nach oben möglich.
Verpflegung und Nächtigung in Tòrbole und Nago, kein Wasser auf der Strecke.

Tour 41 Von Marniga über San Antonio delle Pontare nach Cassone

S	1
Z	Ht
H	400 m/400 m; 67 m/ca. 450 m
V	Steineichenzone im unteren Bereich, Flaumeichenzone im höheren Bereich; Ölbaumhaine
B	Ganzjährig schneefrei
A	Marniga, Bus von Verona und Riva
E	Cassone, Bus nach Verona und Riva
W	Bars und Restaurants in Marniga und Cassone, Wasser auch in Campo und Pontare (das letztere möglicherweise nicht trinkbar)
L	Italienische Karte 1:50 000, Bl. 101, Malcèsine, Kompass-Karte 1:50 000, Bl. 102, Lago di Garda, Wanderkarte 1:25 000, Monte Baldo

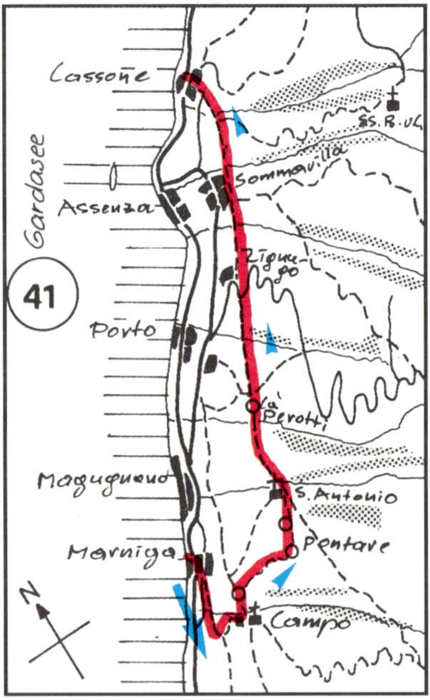

Das Kernstück dieser Wanderung ist das alte Mähwiesen- und Weidegebiet beim Kirchlein S. Antonio delle Pontare, 350 m über dem See. Auf schmalem Verebnungsstreifen stehen ein paar alte, heute zum Teil verfallende Häuser, Wiesen dehnen sich aus bis zum Rand der Verflachung, wo man einen weiten Blick über den See und die jenseitige Küste mit ihren Bergen hat, lichter Wald umsteht einige der Häuser, manche der alten Lichtungen heute schon wieder zuwachsend. Nur beim Kirchlein kann man eventuell andere Wanderer treffen, hier zieht der alte Maultierweg von Castello nach Prada vorbei, heute ein markierter Wanderweg. Auf der alten Kulturterrasse ist man allein. Früher lebten hier auf Pontare Menschen, die von diesen paar Quadratmetern auskommen mußten und von ihren Almanteilen höher oben auf dem Baldo. Dann verwendete man die Häuser nur noch als Maggenghi, als Nächtigungsmöglichkeiten im Bereich der Mähwiesen, die man im Sommer auf dem Weg nach oben, im Herbst auf dem Weg nach unten besuchte. Heute stehen die Häuser leer, eines ist als Wochenendhaus ausgebaut, eine Straße führt nicht hinauf zu den Maggenghi von Pontare. In einem der Häuser sahen wir einen der alten Schlitten, wie sie im Gebiet des Monte Baldo auf den steilen Wegen verwendet wurden, er schien noch vor kurzem verwendet worden zu sein, ein Stoß Brennholz daneben zeigte an, wozu man ihn eingesetzt hatte. Die gute Steinpflasterung, wie man sie immer wieder auf den Wegen dieses Gebietes findet, geht auf den Ausbau als Schlittenwege zurück, so hatten einerseits die Maultiere festen Halt, andererseits konnte der Schlitten besser gleiten. An besonders steilen Stellen sind heute noch metallene Haken zu finden, die man verwendete, um beim Abwärtsfahren den Schlitten zu halten, damit er nicht auf das Lasttier prallte.

Blick vom frühlingshaften Sommavilla auf die noch winterlich verschneite Baldo-Kette

Der Weg

In Marniga (67 m) geht man von der Bushaltestelle noch ein paar Meter weiter in Richtung Malcèsine, nimmt ein nach rechts weisendes und aufwärts führendes Sträßchen, quert eine weitere Straße und befindet sich auf der alten Maultierstraße. Hier rechts (südlich) auf Markierung (34) mit Schild »Campo« zunächst eben weiter, dann im Linksbogen den Hang hinauf, der Trimm-dich-Pfad nach Gainet (besonders von Motocrossisti geschätzt ...) bleibt rechts, und schließlich ziemlich steil zum fast verlassenen Weiler Campo (222 m, 0.30 h). Der pittoreske Ort (Brunnen! Kirchlein!) ist eine größere Rast wert, anschließend geht man nach links aus dem Ort hinaus (Weg 31 nach Castello), zweigt aber bei einem Bildstock, einen Steinwurf vom letzten alten Haus entfernt, nach rechts zu einem Neubau ab, bei dem rechts ein alter Weg herunterkommt. Man folgt diesem Weg im Rechtsbogen zum Waldrand, muß nach links ausweichen, da er im oberen Teil verwachsen ist, und erreicht am Waldrand einen querenden Weg, dem man kurz nach links bis zu einem ehemaligen Kalkofen folgt. Hier Gabelung, wir nehmen den rechten Weg, es ist ein alter Schlittenweg, der uns in einigen Kurven ziemlich steil zur Verebnung von Pontare hinaufführt.

Pontare erreichen wir bei einem heute nicht mehr bewohnten Haus (396 m, 0.45 h/1.15 h), das untere Stockwerk war ursprünglich der Stall, das obere war Wohnung, der Anbau unter der charakteristischen Außentreppe wird heute noch als Schuppen verwendet. Zisterne am Haus, aber auch etwas unterhalb Quelle mit Quellhäuschen.

Nun in nördlicher Richtung weiter, immer auf der Verebnung bleibend, bis wir, nachdem wir an vier weiteren Häusern vorbeigekommen sind, auf einer großen Wiese einen breiten Weg nach rechts finden, der uns zu einem Felsenüberhang mit kleinen, in den Stein gehauenen Wasserbehältern – gefüllt mit Wasser! – führt. Unterhalb sehen wir nun ein als Zweithaus hergerichtetes Haus. Wir gehen aber bei Gabelung nach rechts und weiter hinauf in den Wald und erreichen nach etwa 100 m einen guten, alten Schlittenweg mit Markierung, es ist der Weg von Castello nach Prada (Weg 33). Wir gehen nach links hinunter, um die Ecke sehen wir links das Kirchlein San Antonio Abate delle Pontare, kürzlich wiederhergestellt mit zugehöriger Inschrift (431 m, 0.25 h/1.40 h). Ins schmiedeeiserne Kreuz an der Tür hat jemand einen Zweig Mäusedorn mit seinen knallroten Früchten gesteckt. Im offenen, aber vergitterten Fensterchen brennt ein einzelnes Licht.

Fünfzig Meter weiter abwärts können Sie im Prinzip auf Weg 31 (Schild und Markierungen) über den Hof Tormentare nach Campo zurückkehren, wir bleiben aber auf dem von uns eingeschlagenen Schlittenweg und erreichen bald ein einzeln stehendes Haus, die

Ca' Perotti. Hier Gabelung, wir gehen mit der 31 geradeaus weiter, der nach links abzweigende Weg führt nach Castello und Porto hinunter (zum Teil Naturlehrpfad). Der Weg, den wir nehmen, ist ein alter Maultierweg, sehr angenehm zu gehen, aussichtsreich, immer gut markiert, er ist oft Erdweg, manchmal gepflastert. Bei Zignano quert man eine Asphaltstraße, jenseits führt uns das Schild »Sommavilla 31« weiter. Wir kommen an einer Quelle mit Wasserbecken vorbei – herrlich! In Sommavilla queren wir den Ort von Süden nach Norden, auch hier auf alten Wegen bleibend (ausreichende Markierungen und rote Pfeile). Jenseits geht es wieder auf einem schmalen Sträßchen weiter, schließlich links ein den Weg blockierendes Haus, auf schmalem Weg durch den Ölbaumhain, bis man jenseits eines Rückens eine gepflasterte Straße erreicht. Auf dieser nach links und in wenigen Minuten nach Cassone (68 m, 0.50 h/2.30 h).

Tour 42 Von Pai über Casale nach Biasa und Castelletto

S	1
Z	Ht
H	200 m/200 m; 76 m/267 m
V	Steineichenzone, auf der Strecke liegt das einzige Vorkommen von Cistus albidus, der silberweiß behaarten Zistrose am Gardasee
B	Ganzjährig schneefrei
A	Pai di Sotto, Bus von Verona und Riva
E	Castelletto, Bus nach Verona und Riva
W	Bars in Pai di Sotto, Pai di Sopra und Castelletto, Wasser in Biazza
L	Wie Tour 42

Immer wieder hat man auf dieser Wanderung Blicke auf den See, man ist nicht sehr hoch über der Gardesana, und wenn man aufpaßt, kann man etwas vom Verkehr hören, der sich da unten abspielt, aber trotz der geringen Entfernung in Metern ist man hier Welten von der Uferstraße entfernt. Alte Wege, Häuser aus Natursteinen, alte Bögen und Bildstöcke, Ölbaumhaine, die Erde um die Bäume in sorgfältigen Zirkeln bearbeitet und mit Stallmist

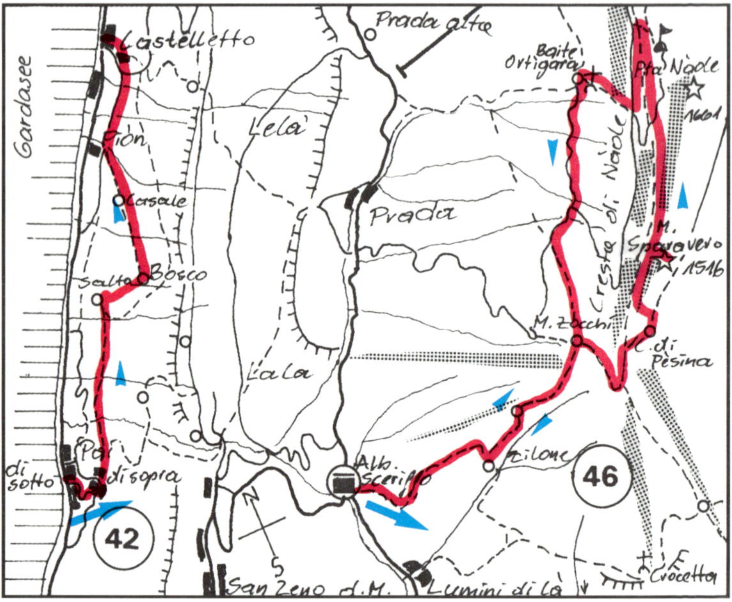

gedüngt, Trockenmauern, eine alte Steintritt-Treppe über die Trokkenmauer, Brunnen.

Die Vegetation ist dicht und üppig, an einigen besonders heißen und trockenen Stellen ist sie als Macchia, als mediterraner Busch ausgeprägt, meist aber als Wald. Steineichen, Mäusedorn, Ölbäume, Feigen bei den Häusern und im Bereich zwischen Pai di Sopra und der Ca' Salto, der im ganzen Gardaseebereich nur hier blühende Cistus albidus, die silberweiß behaarte Zistrose mit ihren großen, rosaroten Blüten zeigen uns die Wärme an, die ganzjährig herrscht. Am 30. Januar haben wir hier blühende Löwenmäulchen gefunden! Im Valle del Salto haben die Bäume oft bizarre, manchmal kuppelförmige Gestalten, Flaumeichen wachsen isoliert auf Rillen riesiger, glattgeschliffener Felsplatten. An diesen Stellen hat man überall am Gardasee Felsritzungen gefunden, die uns zeigen, daß der Mensch hier schon lange wohnte und arbeitete, rodete und säte, erntete und starb. Vieles, was in Jahrtausenden geschaffen wurde, verfällt heute wieder – das Haus Ca' Bosco, das den höchsten Punkt unserer Wanderung darstellt, hat keine Zufahrt – und ist verlassen.

Rast unter einer alten Eiche nahe der Ca' Tronconi

Der Weg

In Pai di Sotto (67 m) nimmt man vom Schiffsanleger bzw. von der Bushaltestelle ein schmales Sträßchen, das im S-Bogen in den alten Ort Pai di Sopra (124 m, 0.15 h) hinaufführt. Dort vom Platz das Asphaltsträßchen, das mit »Per Ca' Tronconi« bezeichnet ist; bei der Ca' Tronconi endet es, man geht rechts hinauf und findet nach 70 m einen nach links abgehenden, markierten Fußweg, der in die Ölbaumterrassen führt. Vor einer Talquerung verläuft der Weg auf einer Straße, hier links Aussichtspunkt mit einsam stehendem Baum. Knapp nach der Talquerung verläßt man die Straße wieder nach rechts, rote Hinweiszeichen auf dem Straßenasphalt! Nun kommt der interessanteste Teil, das flache Valle del Salto, das man ohne Höhenveränderung quert, der markierte Weiterweg, der nach rechts führt, wird nicht beachtet. Unser Weg ist beim nächsten Haus, der Ca' Salto, blockiert, unmittelbar vor der Absperrung beginnt rechts ein steiniger Weg, man folgt ihm etwa 30 m hoch, dann erreicht man einen querenden Weg, dem man nach links folgt. Er führt oberhalb der Ummauerung der Ca' Salto vorbei, steigt gleichmäßig an, bald geht man am Waldrand, der Weg wird undeutlich, schließlich muß man in gleicher Richtung und mit weiterhin gleicher

Steigung ein nicht erkennbares Wegstück gehen, quert ein Tälchen und erreicht die verlassene Ca' Bosco mit Feigen, Walnußbäumen, Ölbäumen und herrlicher Japanischer Mispel (247 m, 0.50 h/1.05 h).
Von hier aus geht in die andere Richtung ein guter Weg weiter, bei einer ummauerten Ölbaumterrasse geht es links steiler hinab, bei einem Querweg entlang einer Steinmauer geht es rechts weiter. Dieser wunderschöne, fast ebene Weg führt zur alten Häusergruppe Casale (161 m, 0.20 h/1.25 h), wo man nach links hinuntergeht und die Straße nach Biazza erreicht, der man nach rechts folgt. Vor der Querung des Val Verga steht links ein interessanter Wegbildstock auf einem Bogen, hier geht das alte Sträßchen nach Pion an den See hinunter.
Bereits in Sicht von Biazza beginnt rechts ein alter Fußweg, der Anfang ist leider beim Straßenbau zerstört worden. Dieser Weg führt oberhalb der heutigen Straße zu den ersten Häusern von Biazza, wo man auf den Wanderweg 31 stößt, dem man in den Ort bis zu einem großen Wasserbehälter folgt, wo sich mehrere Wege kreuzen (ca. 200 m, 0.30 h/1.55 h). Hier nach links hinunter in den Kern von Biazza und weiter auf markiertem Weg hinunter nach Castelletto (67 m, 0.25 h/2.20 h).

Tour 43 Von Torri über Prandine nach Crero und zurück über Locrino

S	1
Z	Ht
H	200 m/200 m; 67 m/275 m
V	Steineichenzone
B	Ganzjährig schneefrei
A/E	Torri del Benaco, Busse von Verona und Riva
W	Bars und Trattorien in Torri, Bar in Crero
L	Wie Tour 42

Obwohl nur kurz, hat diese Wanderung doch bemerkenswerte Höhepunkte aufzuweisen. Zunächst einmal ist es hier auch im Winter angenehm mild, wir sind im Ölbaumklima, wie die uns immer wieder begleitenden Ölbaumhaine und vor allem das Vorkommen von Cistus albidus, den wir vielleicht schon bei Tour 42 entdeckten, beweisen. Diese Pflanze ist ein eigener Höhepunkt dieser Tour, kommt sie doch sonst in dieser nördlichen Verbreitung nirgendwo

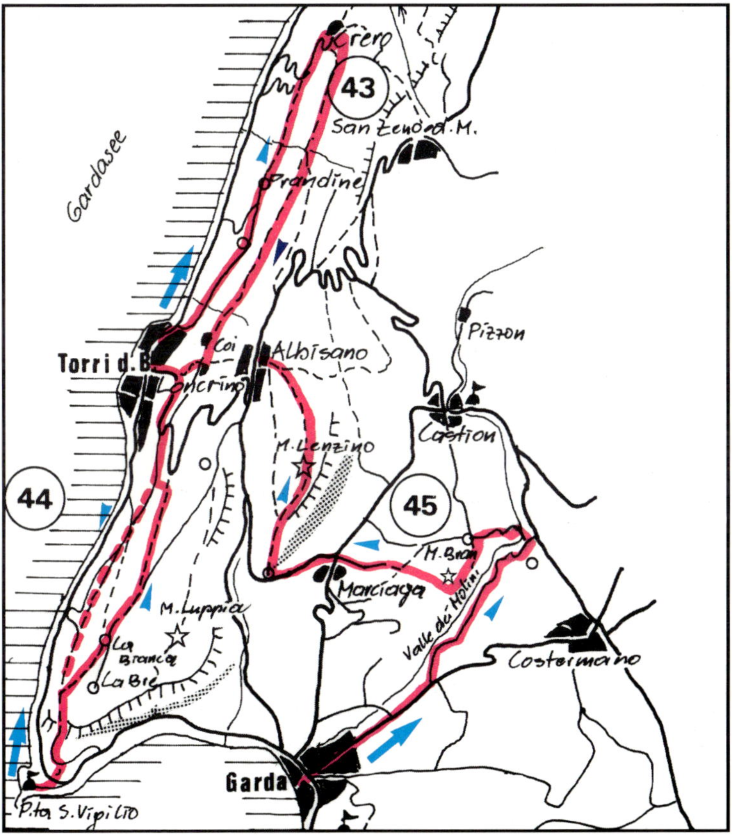

am Mittelmeer vor, am Gardasee nur in diesem Gebiet. Ein anderes bemerkenswertes Element unserer Tour sind die Felszeichnungen, die wir besonders auf dem »Großen Felsen« zwischen Crero und Anze finden, aber auch anderswo in den Ölbaumhainen der Gegend, vor allem natürlich auch am südlich anschließenden Monte Luppia, wie in Tour 44 beschrieben. Wenige der Felsritzungen, die wir hier am Weg entdecken, sind in ihrer Bedeutung entschlüsselt, einige besonders auffällige Zeichengruppen mit geschwungenen Linien sind völlig unklar. Bemerkenswert auch die vielen Zeugnisse menschlicher Kultur, die Trockenmauern und Brunnen, die Wegbildstöcke und Bögen, die aus Naturstein gemauerten Häuser, die

Herbstliche Farben des Perückenstrauches oberhalb Torri

an feuchten Stellen in die Ölbaumhaine gemauerten Wasserbecken, die sorgfältig gepflasterten Wege, wer hier aufmerksam geht, wird in vieler Hinsicht fündig werden. Für uns gehört dieser Weg zu den schönsten des ganzen Gardaseeraumes.

Der Weg

Vom nördlichen Ortsausgang in Torri (67 m) zweigt gegenüber der Bucht dei Pini rechts eine Fahrstraße zum Villaggio Cristina ab. Diese Straße, die allmählich schmäler wird, führt sanft ansteigend durch Privatgärten mit Häusern, darunter der sogenannten Casa Danese, dann verlieren sich die Sommervillen und Ölbaumhaine mit kleinen Hausgruppen, die typischen Contrade beginnen. Bei der besonders malerischen Hausgruppe Prandine (177 m, 0.35 h) geht es unter einem Bogen durch und jenseits fast eben weiter zur Fahrstraße hinauf nach Crero und in diesen kleinen und malerischen Ort hinein (207 m, 0.25 h/1.00 h). Von Crero nimmt man die markierte und mit Schildern (Albisano) versehene Maultierstraße, die rechts aus dem Ort hinaus auf den Hang führt, sie verliert gleich an Steigung, man quert Buschwald, links sind größere Felsenschliffzonen mit Felszeichnungen (Schild). An einer Gabelung (ca. 275 m, 0.20 h/1.20 h) halten wir uns rechts, dieser Weg führt über Anze (180 m, 0.15 h/1.35 h) nach Loncrino (ca. 145 m, 0.20 h/1.55 h), wo wir auf die alte Maultierstraße von Torri hinauf nach Albisano stoßen, die »Strada dei Castei«, die uns nach rechts hinunter in die Ortsmitte von Torri bringt (67 m, 0.25 h/2.20 h).

Tour 44 Von der Punta San Vigilio nach Torri del Benaco über die Ca' Bianca

S	Leichte Wanderung
Z	Ht
H	140 m/140 m, 67 m/ca. 210 m
V	Quasi-mediterrane Steineichenzone; die Punta ist der wärmste Standort des Ostufers des Gardasees und hat die meisten mediterranen Arten aufzuweisen
A	Punta San Vigilio zwischen Garda und Torri
E	Wie Ausgangspunkt
W	Torri
L	WK Monte Baldo 1:25 000, Blatt Süd. Lageskizze auf Seite 179.

Ölbäume und Felszeichnungen, Myrte und eine venetianische Villa: Quintessenz winterlicher Wanderwonnen am Alpensüdfuß

Kein anderer Ort des Sees ist wärmer als die Punta San Vigilio, wo zwischen Torri und Garda eine Landzunge kühn in den See sticht und mit steiler Felswand nach Süden abbricht. Diese Kletterwände wirken wie ein Spiegel, der die Sonnenstrahlen auf die Ölbaumhaine zu ihren Füßen reflektiert und schon im Januar die ersten Blüten der Macchie öffnet. Die mediterrane Landschaft des Kaps ist so sonnendurchwärmt, daß manchmal mitten im Winter die Bienen ihre Bauten verlassen und Eidechsen ihre Winterstarre unterbrechen, um sich auf einem Felsen zu wärmen. Man sollte meinen, daß Hundertschaften diese Winterwärme suchen und auf den Monte Luppia strömen, um dort den Weitblick über den südlichen Gardasee zu genießen und den Nahblick auf Garda und seine mit Geschichte und Geschichten vollgesogene Rocca, um ein Picknick auszupacken – im Januar und Februar versteht sich –, aber kaum jemand schlendert den Wanderweg nach Torri hinüber oder wandert um und auf den Monte Luppia, genießt die winterliche Wärme unter Ölbäumen und Zypressen. Die meisten Winterbesucher des Gardasees kommen aus der nebelverdüsterten Poebene, Sonntagsgäste,

Silvester oberhalb der Punta San Vigilio mit Blick auf Garda und seine Rocca

man bleibt auf der Uferpromenade, der nachmittägliche Corso führt zweimal auf und ab, dann läßt man sich an den auch mitten im Winter draußen aufgestellten Tischen der Cafés nieder, um einen Espresso und eine Grappa zu sich zu nehmen. An manchen schönen Wintersonntagen sind es Tausende, die am Strand entlangspazieren, aber abseits dieser Promenade bleiben die wenigen Wanderer unter sich, genießen die Stille, genießen das Leuchten des Sees, freuen sich an der Wärme, an der immergrünen Vegetation.

Die Tour dauert nur ein paar Stunden, aber man sollte sich für sie einen ganzen Tag Zeit lassen. Gleich zu Beginn muß man die Blicke auf den See genießen, die San Vigilio bietet, und die Villa Guarienti – leider nur von außen – betrachten. Der Renaissancebau ist eines der besterhaltenen Beispiele früher venetianischer Villenarchitektur, ein schlichter quadratischer Bau in phänomenaler Lage. Unten am Hafen laden im Sommer Tische ein, einen Drink zu nehmen, jetzt ist natürlich nichts los, den Blick über das Schilf und den silbernen See nach Sirmione und zur Rocca di Manerba haben wir für uns allein.

An vielen Stellen hat man im letzten Jahrzehnt Felszeichnungen freigelegt, die teilweise bis auf die Bronzezeit zurückgehen, teilwei-

se erst ein paar hundert Jahre alt sind, wie jenes schöne Gardaseeschiff am Aufstieg zum Monte Luppia. Wer in der Natur zu wenige Felszeichnungen findet, besucht das Museum in Torri, das nicht nur wegen seiner Sammlung prähistorischer Kunst sehenswert ist. In Torri bummelt man durch den Ort, am Hafen entlang, bewundert die Limonaie im Ortszentrum, den letzten Rest einstmals überall am See zu findender Zitronenpflanzungen.
Immer wieder blickt man über den See auf die lombardische Seite und den Monte Pizzòcolo. Meistens hat er eine Schneehaube, nur die letzten hundert Höhenmeter sind damit bedeckt, das läßt sich schaffen, auch wenn man nicht auf Schnee eingestellt ist. Bei dem Ausblick, den man dann hat ...! Zunächst aber weiter nach Torri, neben Ölbaum und Lorbeer zeigen gerade auch im Winter Zypresse, Steineiche, der immergrüne, sich hoch in die Bäume hinaufwindende Klettenkrapp, die roten Beeren der Stechwinde, Buchs und Myrte, daß wir uns in der mediterranen Klima- und Vegetationszone bewegen. Wenn dann noch – oft ab Mitte Januar – ein früher Krokus seine zart hellblaue Blüte geöffnet hat, fragt man sich, warum es Leute gibt, die zu dieser Zeit ins Hochgebirge fahren, um mit irgendwelchen Brettern auf Schnee und Eis herumzurutschen.

Der Weg

Autofahrer lassen ihren Wagen am besten am Parkplatz bei der Punta San Vigilio, wo er (im Sommer) auch (teuer) bewacht ist. Busfahrer lassen sich bei der Haltestelle San Vigilio absetzen. Ein Trampelpfad führt von hier durch einen Ölbaumhain hinauf zu einem Schottersträßchen, dem man nach rechts folgt, bis man nach 200 m am linken Straßenrand ein einzelnes rotes Zeichen findet. Hier links den bewaldeten Hang auf steilem Weg hinauf, oben erreicht man eine Plattform, von der man einen der schönsten Ausblicke auf Garda und seine Bucht hat. Nun halblinks auf weiterhin unmarkiertem Weg durch Flaumeichenbuschwald weiter, bis man auf einen deutlicheren Querweg stößt, dem man nach links folgt. Er führt durch einen heute stark von Brombeeren und Schlingpflanzen überwucherten Ölbaumhain. Nach 400 m erreicht man eine kleine Scharte unter dem links liegenden Monte Pomo, einem bewaldeten Hügel. Von hier aus kann man wieder den See erkennen.
Wir wenden uns nach rechts und hangaufwärts, ein sehr steiniger Pfad führt an mehreren auf der rechten Seite zu suchenden Felszeichnungen (Pietra delle cavaliere!) vorbei. Im Wald wird ein hangparalleler Querweg erreicht, den wir nicht beachten, so daß wir nach weiteren vierzig Höhenmetern auf einem langgestreckten, wiesenbedeckten Hügel stehen, rechts von uns ist die Ca' Bianca. Wir gehen in unserer Aufstiegsrichtung weiter, nach 500 m halten wir uns ohne Höhenverlust rechts, nach weiteren 400 m passieren wir die rechts liegende Ca' Bre, und unmittelbar danach führt links

ein Weg in den Wald hinein, dem wir uns anvertrauen. Wo er aus dem Wald heraustritt, halten wir uns links, und nach 200 m steigen wir einen hier ansetzenden Serpentinenweg nach links hinunter zu einem Fahrweg. Wenn wir nun rechts gehen, erreichen wir die Asphaltstraße nach Torri, gehen wir links, kommen wir wieder zur Scharte unter dem Monte Pomo und zurück zu unserem Ausgangspunkt.

Praktische Hinweise

Dieser Wanderweg ist ganzjährig begehbar. Schnee gibt es nur ein- oder zweimal im Jahr, er bleibt nur Stunden liegen. In drei Wintern haben wir hier nur an zwei Tagen Schnee beobachtet, im kalten Winter 1991/92 war der Weg allerdings ein paar Tage lang verschneit - wenige Zentimeter hoch. Nebel war früher unbekannt, in den letzten zehn Wintern rückt er ab und zu über das Südende des Sees bis Torri und bis in eine Höhe von etwa 200 m, sehr selten 250 m, so daß diese Wanderung dann im Nebel liegt. Meist kommt der - wie gesagt - seltene Nebel erst um die Mittagszeit, so daß ein früher Tourenbeginn angebracht ist.
Wegen des steinigen Aufstiegs zur Ca' Bre sind hohe Schuhe sinnvoll, sonst reichen auch feste Halbschuhe aus.
Verpflegung und Nächtigung in Torri und Garda, in Punta San Vigilio (teuer) nur in der touristischen Saison (Ostern bis Oktober). Kein Wasser auf der Strecke.
Die Felszeichnungen sind in den Morgen- und späten Nachmittagsstunden am besten zu erkennen und zu fotografieren, der Blick über den See zum Monte Pizzòcolo ist am Morgen besonders eindrucksvoll und fotogen, besonders wenn der Berg eine Schneehaube hat, die von den ersten Sonnenstrahlen beleuchtet wird.
Der erste Teil dieser Wanderung ist ein allerdings nicht ausgeschilderter Naturlehrpfad, für den es im Veroneser Buchhandel ein Begleitheftchen zu kaufen gibt.

Tour 45 Von Garda durch das Valle dei Molini und über Marciaga auf den Monte Lenzino und nach Albisano

S	1
Z	H
H	400 m/400 m; 67 m/479 m
V	Im unteren Bereich quasi-mediterrane Steineichenzone (Steineichen in den Felsen des Monte Lenzino), an den nordgerichteten Hängen Flaumeichenzone
B	Ganzjährig schneefrei
A	Garda, Bus von Verona und Riva
E	Albisano, Bus nach Torri und Garda
W	Bars und Restaurants in Torri, Marciaga und Albisano, Wasser in Campagnola
L	Wie Tour 42. Lageskizze auf Seite 179.

Steineiche, Wacholder, Judasbaum, Hopfenbuche und viele andere Arten, die wir auf unserer Wanderung sehen werden, deuten auf das mediterrane Klima des Gardasees hin. Tatsächlich hat der Gardasee kein echtes mediterranes Klima, im Sommer ist es nicht so typisch trocken wie im vollmediterranen Klima, im Winter kann es so kalt werden, daß die Ölbäume erfrieren (das ist ja vor ein paar Jahren sogar in der Toskana passiert), und der Regen verteilt sich zu sehr aufs Jahr, er sollte eigentlich nur im Winter und Frühling fallen. Man spricht von einem Paläoklima, einem früheren Klima, das der See vielleicht vor 5000 Jahren hatte. An besonders warmen und sonnenausgesetzten Stellen des Sees konnten sich Pflanzen seit dieser Zeit halten, ja ganze Pflanzengemeinschaften, wie die Steineichenwälder, aber tatsächlich handelt es sich dabei nur um Relikte wärmerer Zeiten. Holzt man diese Wälder ab, werden sich keine neuen mediterranen Wälder mehr entwickeln. Wenn man durch das von steilen Flanken begleitete Valle dei Molini wandert, kann man sich kaum vorstellen, daß auf den Hängen oberhalb des Tales mediterrane Pflanzen stehen. Draußen bei Garda blühte der Oleander, hier wird man vergeblich Oleander suchen, draußen werden Ölbäume geschnitten, hier gibt es keine, dafür Pappeln, Robinien, Hainbuchen, Hasel und Holunder. Wenn man dann bei Campagnola wieder aus dem Tal heraustritt, meint man, am Mittelmeer zurück zu sein, hier tritt gleich wieder der Ölbaum auf, aber der westliche Abhang des Tales hat noch einmal gezeigt, wie kühl es hier wirklich ohne Südexposition ist, dort gedeihen nämlich Edelkastanien, die sonst nur viel höher vorkommen.

Das Valle dei Molini im Februar

Mediterrane Höhepunkte unserer Wanderung sind zweifelsfrei die Waldzone und der Trockenrasenbereich auf dem Monte Lenzino. Durch die Wanderung im kühlen Mühlental, einem beliebten Sommerausflugsgebiet der Gardesaner, wird dieser warme Bereich noch besonders betont. Im östlichen Teil dieser Bergzone hat man Felsritzungen gefunden, wenn Sie unter den Kletterfelsen der »Sengie« weglos – und ziemlich mühsam – wandern, finden Sie sie vielleicht.

Der Weg

In Garda (67 m) schlägt man bei der Ampel in der Ortsmitte die Straße nach Costermano ein. Am Ortsrand biegt man vor der Brücke über den von links aus dem Valle dei Molini kommenden Bach in ein geschottertes Fahrsträßchen ein, das in dieses Tal führt. Man folgt ihm, bis es wieder nach rechts aus dem Tal führt, zweigt aber ein paar Meter vorher auf eine nach links und über eine Brücke auf die andere Talseite führende Straße ab. Jenseits der Brücke geht man links auf eine in das Tal zurückleitende Zufahrts-

straße zur Hausgruppe Molinet, wenn man sie erreicht hat, geht es auf schmalem Maultierweg rechts daran vorbei auf die Hochfläche und in den Ort Campagnola. Dort nach links auf Fahrweg, an querendem Tälchen geht es wieder links und beim ersten Haus auf der rechten Seite auf Fußweg in das Tälchen hinunter. Dieser quert das Tal (Wasserleitung) und führt jenseits durch Wald auf die Fortsetzung der Hochfläche. Wenn wir deren Kante zum Valle dei Molini (Vorsicht!) folgen, erreichen wir den bewaldeten Hügel des Monte Bran (310 m, 0.50 h/1.30 h). Wir ersteigen ihn und folgen seiner länglichen Kuppe über einige Vogelfangeinrichtungen nach rechts. Jenseits einer Mulde sieht man einen weiteren Hügel, den Monte Orione. In der Mulde verläuft ein Fahrweg, den man weglos über Wiesen erreicht. Nun nach links und zu einer Kreuzung (256 m), hier im rechten Winkel nach rechts auf einen Fahrweg, der im Linksbogen zum Ort Marciaga führt. Wo er die Hauptstraße erreicht, leicht unter der Kirche (289 m), beginnt etwas links versetzt jenseits ein Asphaltsträßchen. Es führt vorbei am Golfplatz in Richtung Albisano, wir folgen ihm bis zur Stelle, wo es sich abrupt nach Norden wendet (Hotel, 312 m, 0.45 h/2.15 h), und folgen den hier rechts über den Rücken ansteigenden Wegspuren auf den Kamm des Monte Lenzino (479 m, 0.30 h/2.45h).
Der Monte Lenzino ist ein etwa 500 m langer, in Süd-Nord-Richtung verlaufender Rücken, der zum Teil mit Wald, zum Teil mit (sehr artenreichem) Trockenrasen bedeckt ist. Von seinem Nordende (460 m) geht ziemlich genau nördlich verlaufend ein teilweise als Hohlweg ausgebildeter Waldweg geradlinig hinunter nach Albisano. Wer ihn verfehlt, trifft wahrscheinlich auf einen anderen, tiefer verlaufenden Weg, auch er führt nach Albisano (309 m, 0.30 h/3.15 h).

Tour 46 Von Lumini zur Malga Zocchi, auf den Monte Sparavero und über die Baita Nàole zur Baita Ortìgara

S	2
Z	T
H	100 m/100 m; 734 m/1675 m
V	Die Wanderung geht vom Edelkastaniengürtel im oberen Flaumeichenbereich bis in den höchsten Bereich der Buchenstufe, die hier sehr hoch hinaufreicht
B	Im oberen Flaumeichenbereich im Hochwinter manchmal dünne Schneedecke, im Buchenbereich besonders in Flachlagen und an Nordhängen längere Phasen mit Schneedecke und gelegentlich Vereisung
A/E	Trattoria Sceriffo an der Straßengabelung San Zeno - Prada - Caprino, kein Busverkehr
W	Trattoria Sceriffo, kein Wasser auf der Strecke
L	Wie Tour 42. Lageskizze auf Seite 176.

Die schönste Zeit der kühlen Jahreszeiten ist für diese Wanderung wahrscheinlich der Spätherbst. Wenn sich die Rotbuchen verfärbt haben und die Kastanien weiter unten Gelbtöne zu tragen beginnen, wenn die Luft so klar ist, daß man jenseits der Tiefebene die Apenninen erkennen kann, wenn sich die Birken zitronengelb verfärbt haben und die letzten Büschel der lilafarbenen Blüten des Feld-Enzians (Gentianella campestris) aufgeblüht sind, dann wandert es sich in dem Bewußtsein, dem Winter, der anderswo schon zugeschlagen hat, ein Schnippchen geschlagen zu haben, noch mal so gut. Trotz der absoluten Höhe des südgerichteten Kammes unter der Bocca di Nàole ist hier die Sonneneinstrahlung so groß, daß der Schnee eigentlich nie lange liegenbleibt. Die langjährige Schneegrenze liegt etwa auf der Höhe der Punta di Nàole (1659 m), aber alles was drunter ist, hat normalerweise nur Schneereste aufzuweisen. Am 6. Januar haben wir unterhalb der Alm Colonèi di Pèsina frische Maulwurfshügel gefunden!
Die Vegetation der Hänge bei der Alm Zocchi ist ein Gemisch aus Submediterranem und Alpinem. Einerseits wächst hier unterhalb noch die Hopfenbuche, andererseits wächst oberhalb die Rotbuche. Haselnuß, Birke, Tanne zeigen den Anteil von Pflanzen der Bergzonen, Wacholder zeigt uns den trockenen und warmen Standort an. Und wenn Sie im Mai oder Juni hier vorbeikommen? Kohlröserl, Türkenbund, Feuerlilie, Gelber Enzian, Holunderknabenkraut, Pfingstrose, Narzissen, Baldo-Anemone, um nur ein paar zu nennen.

Rotbuchen oberhalb der Alm Ortigara am Monte Baldo

Sehen Sie sich die Malga Zocchi genau an, sie ist eine typische Baldo-Käsealm. Zum Tal ist sie halbrund gebaut, offene Spalten lassen die Luft in den Logo del latte, den Teil, wo man die Milch aufbewahrt. Im Mittelteil ist der Logo del fogo, der Teil, wo die Milch über dem Feuer gekocht wird, mit dem großen Kamin. Außen steht der Kamin als Halbzylinder an das Gebäude angelehnt und es überragend. Rechts schließlich ist die casara, der Teil, wo der fertige Käse aufbewahrt wird. Vor dem Haus links die Stalla, der Stall und die Zisterne fürs Trinkwasser. Kaum eine Alm hier ist nach anderem Schema errichtet worden.
Im Februar haben wir vereiste Wege vorgefunden, vom Tal aus sah alles ganz aper aus, aber durch das ständige Abtauen und Neudarüber-Schneien hatten sich auf den Verebnungen und eben auf den Wegen Eisspiegel gebildet. Man kann diesen Eisflächen nicht überall ausweichen, denken Sie daran, wenn Sie die Tour im Hochwinter machen, daß sie in dieser Hinsicht nicht ganz ungefährlich ist!

Der Weg

Von der Trattoria Sceriffo (734 m) an der Straßengabelung San Zeno - Prada - Caprino geht man 150 m in Richtung Prada und fin-

det bei einer Linkskurve der Straße rechts einen markierten Weg, der zur Malga Zilone (1054 m, 1.00 h) führt. Hier zunächst etwas undeutlich weiter bergan auf Weg 51 (der abwärts führende Zweig dieses Weges ist überwachsen und nicht mehr gangbar). Man erreicht die Wiesen der Malga Zocchi und steigt über den Hang direkt zu ihr auf (1282 m, 0.45 h/1.45 h). Nun quer über den Rücken zum Wald, man erreicht einen breiten Weg, hier mit Markierung nach Süden (rechts). Nach zehn Minuten umrundet man einen Bergrücken und hat eine Weggabelung vor sich, rechts geht es hinunter nach Caprino, wir gehen links weiter und leicht bergan in Richtung Nàole. Nach 250 m wieder Gabelung (0.15 h/2.00 h), rechts zu den von hier aus sichtbaren Gebäuden der Alm Colonèi di Pèsina, geradeaus vor uns liegt der Nàolekamm. Der erste Kalkklotz des rechten Teils des gespaltenen Kammes, wie er sich vor uns öffnet, ist der Monte Sparavero (1516 m), man geht weglos hin und zurück (Aussicht!). Weiter auf den Creste di Nàole mit Weg 662, ein Schottersträßchen (ca. 1580 m, 1.00 h/3.00 h) wird gequert, es führt zum rechts liegenden ehemaligen Fort von Nàole. Weiter zwischen den beiden Kämmen des gespaltenen Nàole-Kammes, einige Dolinen werden passiert, hinauf zur Bocchetta di Nàole (1648 m, 0.15 h/3.15 h) und geradeaus weiter, rechts eine Aufwölbung im Kamm, hinter der man auf den langen und aussichtsreichen Costabella-Kamm des Baldo (ca. 1675 m) stößt.
Hier links hinunter auf Piste, einen Kilometer bergab und dann rechts auf markiertem Weg zu den Almhütten von Ortìgara (1430 m), vorher hat man die Kapelle Madonna della Neve (1438 m) passiert. Bei den Gebäuden der Alm beginnt ein Fahrweg, der nach links abwärts führt, man folgt ihm bis zur Einmündung in die Schotterstraße hinunter nach Prada. Man folgt dieser Straße bis zur nahen Verebnung der Pozze di Pralongo, bis dorthin können auch normale PKWs fahren (1270 m, 0.45 h/4.00 h). Nun nach links auf markiertem Weg zur Malga Zocchi (1282 m, 0.15h/4.15h) und auf dem Anstiegsweg zurück zum Ausgangspunkt (1.15 h/5.30 h).

Tour 47 Von Braga über den Sengio Rosso zur Crocetta über Caprino

S	2
Z	Ht/T
H	650 m/650 m; 580 m/1030 m
V	Braga liegt noch im Edelkastanienbereich der submediterranen Flaumeichenstufe, der höhere Teil des Wanderweges liegt in der Buchenstufe
B	Bis zur großen Wiese der »Fabbrica« normalerweise schneefrei, darüber möglicherweise dünne Schneedecke
A/E	Braga oberhalb von Caprino (keine Busverbindung)
W	Wasser in Braga – Wasser mitnehmen!
L	Wanderkarte 1:25 000, Monte Baldo. Lageskizze auf Seite 116.

Ende Januar blühen oberhalb von Braga in den Hängen unter dem roten Felsen, dem Sengio rosso, die Krokusse. Der Boden unter den Kastanien ist warm und weich, aufgelockert von der Arbeit der Maulwürfe, die hier keine Winterpause einzulegen scheinen. Die Haselsträucher haben Blüten angesetzt, bald werden sie aufgehen. Oben auf der Crocetta, dem Kreuz mit seiner Fernsicht über den gesamten unteren Teil des Gardasees und der ihn umgebenden Moränenlandschaft, sitzt man in der Wärme eines Vorfrühlingstages. Sicher, es kann wieder kälter werden, auch schon noch einoder zweimal schneien. Aber jeder Winter bringt die warmen Tage im Januar, wenn man schneefrei hier heraufsteigen kann, die langen, warmen Phasen im Februar, den frühen Frühling, der früher als in unserem Garten, 600 m tiefer, die ersten Frühlingsboten zum Erblühen bringt. Das macht natürlich die starke Hangneigung, das macht die Reflexion des Sonnenlichtes auf den Felsen und das macht natürlich der nahe See. Und hier oben gibt es keinen Nebel mehr – hier steht man auch dann, wenn selbst Caprino im Grau liegt, über dem weißen Meer. Hier wohnen können ...

Der Weg

In Braga quert man an der Straße zwischen dem etwas höher gelegenen eigentlichen Ort und dem tieferen Ortsteil Bragìzola eine Wasserleitung. Hier (580 m) beginnt ein Wanderweg, der uns durch die steilen Hänge unter dem roten Felsen, dem Sengio rosso, zu einem felsigen Rücken und durch ein schmales Waldtal zum verfallenden Hof La Fabbrica (902 m, 1.00 h) führt. Auf dem Wege haben wir auf 749 m, also nach etwas über einer halbe Stunde, einen al-

Von der Crocetta ist es nicht weit zur Alm Valdabin.

ten, gut untermauerten Maultierpfad nach rechts abbiegen sehen, beim Rückweg werden wir ihn benutzen. Man quert die Wiesen der »Fabbrica« in ihrem unteren Teil und erreicht jenseits wieder Weg und Markierung. Durch Wald geht es schräg zum Hang hinauf; die Wegsituation ist leider nicht ganz klar, da sich hier mehrere Wege kreuzen, aber Farbflecken zeigen da und dort, daß man sich auf dem rechten Weg befindet. Man erreicht unvermittelt das Kreuz, die Crocetta di Monte Creta (1030 m, 0.30 h / 1.30 h), mit herrlicher Aussicht.
Abstieg bis zum erwähnten abzweigenden Maultiersträßchen nach links (749 m, 0.40 h/2.10 h). Der alte und nicht sehr gut gepflegte Weg führt zu einer Alm oberhalb des Sengio rosso (942 m), ein weiterer Weg führt in östlicher Richtung aus dem ehemaligen Hausweidebereich hinaus und führt durch eine Öffnung zwischen den Felsen hinunter zum Hof Laguna, der etwas oberhalb bleibt. Man erreicht den markierten Wanderweg nach Pradònego und folgt ihm abwärts (rechts) nach Braga (580 m, 1.20 h/3.30 h).

Tour 48 Von Caprino über den Monte Trambasore nach Zuane und zurück über den Monte Ceredello

S	1
Z	Ht
H	200 m/200 m; 186 m/316 m
V	Die Wanderung liegt im Flaumeichenklima; trotz der geringen Höhe kommen hier wegen der winterlichen Kälteseen über dem flachen Becken wenige typische Vertreter des Steineichenklimas vor, diese nur auf steilen Südhängen
B	Im Hochwinter an Nordhängen nach Schlechtwetterphasen ein paar Tage lang dünne Schneedecke; Nebelgefahr!
A/E	Caprino, Bus von Verona und Garda
W	Bars und Trattorien in Caprino und Zuane
L	Wanderkarte 1:20 000, Sulle Colline dalla Valpolicella al Lago di Garda. Lageskizze auf Seite 116.

Der Titel verspricht Wanderlüste, tatsächlich handelt es sich bei den beiden Monti um eher bescheidene Erhebungen, 316 m erreicht der eine, 312 m der andere. Beide sind sie unbedeutende Erhebungen der Moränenwälle, die der Etschgletscher hier im Halbrund um Rivoli aufgeschüttet hat, beide haben sie auf ihrer Südseite echtes Ölbaumklima und winterwarme Temperaturen. Auf diesen Hängen wachsen weitum die ersten Orchideen (Spinnenragwurz, Ophrys sphegodes, Mitte bis Ende März erste Blüten), und im Hochfrühling sind sie beide, vor allem aber der als Drachenfliegerlandeplatz genutzte Monte Ceredello, die reinsten Blumenparadiese. Winterwanderung zwischen Caprino und Zuane – auf allenfalls geschotterten Sträßchen, die obligaten asphaltierten Teilstücke wollen wir im Moment vergessen –, das ist sehr gemütliches Auf und Ab mit (auch im Januar und Februar) ein paar Blüten, warmen Sonnenstrahlen bei der Rast mit Blick auf den Monte Baldo, alten Häusern und verlassenen, aber noch stehenden Contrade, wie die opportun so genannten Case Ruina. Aber Vorsicht! Die Nebel der Poebene haben auch vor dem Becken von Caprino keinen Respekt, und an manchen Nebeltagen ziehen sie schon um zehn oder elf von der Etsch herauf. Das heißt also, früh weggehen und möglichst einen Tag wählen, an dem kein starker Nebel vorhergesagt ist. Sicher kann man allerdings zwischen Ende November und Mitte Februar nie sein, selbst bei besten Wettervorhersagen kommt es zu Nebel in der Poebene, und wenn wir Pech haben, zieht er so hoch hinauf, daß wir ihn noch zu sehen bekommen – wobei er das letzte ist, was wir sehen.

Den Monte Trambasore mit seinen Zypressen sieht man schon von weither.

Der Weg

In Caprino (253 m) gehen wir auf der Straße nach Affi in Richtung Süd, bis wir im Ortsteil Acque links ein etwa vier Meter hohes, steinernes Kreuz mit den Marterwerkzeugen Christi sehen. Hier gehen wir nach links auf eine Straße, die wir gleich darauf in einer Linkskurve wieder nach rechts verlassen, um ansteigend auf dieser Straße weiterzugehen. Sie führt auf den Sattel des Monte Trambasore, dessen vier Zypressen wir schon von weitem erblickt haben (316 m, 0.25 h).
Der Moränenwall, auf dem wir uns befinden, ist als langgestrecktes Plateau ausgebildet, wir gehen auf dem Sträßchen bis zu seinem anderen Abfall, an dem es sich gabelt, und wandern einen hier zwischen den sich gabelnden Straßen beginnenden Fußweg hinunter durch Eichenbuschwald in einen Ölbaumhain. Unter dem Hain trifft man auf eine Asphaltstraße, der man 10 m nach links folgt, um dann rechts auf einen schlechten Fahrweg abzubiegen. Dieser Fahrweg führt uns immer geradeaus zwischen Wein und Kirschen durch die Verebnung vor einem zweiten, undeutlicheren Moränenzug und auf diesen hinauf (ca. 210 m, 0.30 h/0.55 h). Dort erwartet

uns *der* Schock: Hat sich doch die Marmorindustrie und Siedlung der Gegend bis fast zur Kuppe des Hügels heraufgeschoben. Wir gehen geradeaus hinunter bis zu einer querenden Asphaltstraße, hier gehen wir links auf ihr weiter, erreichen die Nationalstraße und die jenseits liegende Trattoria Zuane (186 m).
Von der Trattoria auf der Straße in Richtung Etschtal 250 m nach rechts, bis jenseits ein Fahrweg beginnt, er führt nach rechts zu einer großen Schottergrube, wo auch das Kriegssträßchen zum Forte San Marco beginnt (vgl. Tour 49). Hier hinter der Schottergrube nach links auf Fahrweg in Richtung Norden, er führt zum 200 m weit entfernten Hof Sarpelle und nach links, wir bleiben jedoch geradeaus mit einem nun schmäleren Fahrweg. Er führt zu den Häusern des Weilers Ruina, an dessen rechter Seite wir an den Häusern entlanggehen und nochmals geradeaus in Richtung eines vor uns liegenden Tälchens. In diesem Tälchen erreichen wir wieder einen Weg, der uns hinaufführt zu einer Straßenkreuzung mit Steinkreuz aus dem Jahre 1753 (ca. 300 m, 0.30 h/1.45 h). Nachdem wir die querende Straße überschritten haben, gehen wir geradeaus und entlang dem links von uns liegenden Monte Ceredello weiter, nicht ohne vorher dem Berg und seinen Blumen weglos einen Besuch abgestattet zu haben. Dieses Sträßchen führt am Drachenfliegerlandeplatz vorbei und zu zwei Häusern, wo es auf eine Asphaltstraße trifft. 150 m nach rechts auf dieser Straße, dann nach links auf Fahrweg. Die normalerweise trockene Bachtalung des Torrente Tasso wird gequert, jenseits erreicht man bald ein einsames Haus, dort wendet man sich nach links und wandert auf diesem Fahrweg fast geradeaus nach Caprino (253 m, 0.45 h/2.30 h).

Tour 49 Zum Forte San Marco

S	1
Z	Ht
H	300 m/300 m; 186 m/451 m
V	Steineichenzone bis hinauf, aber beim Abstieg über den Nordwesthang Flaumeichenbereich
B	Ganzjährig schneefrei
A/E	Trattoria Zuane, Bushaltestelle an der Strecke Verona–Brentino (selten!)
W	Trattoria Zuane
L	Wanderkarte 1:20 000, Sulle Colline dalla Valpolicella al Lago di Garda. Lageskizze auf Seite 116.

An der Veroneser Klause sind alte Festungen das tägliche Brot. Rechts der Etsch liegt oberhalb Preabocco das Forte Cimo Grande (siehe Tour 24), über Canale liegt das Forte San Marco, das wir auf unserem Wandervorschlag besuchen, bei Rivoli liegt ein Fort auf der Rocca. Auf der linken Seite der Etsch finden sich Befestigungen unter dem Corno d'Acquiglio (siehe Tour 23), das Forte Masua über Dolcè, das Forte Monte über Ceraino. Die »Berner Klaus« war Kriegsschauplatz seit es hier Menschen gibt; die aus der Ebene wollten ihren Machtbereich in das Etschtal hinein ausbreiten, die aus den Bergen versuchten, sich in der Ebene festzusetzen. Ob Veroneser und Castelbarco, ob Tiroler und Venezianer, ob Italiener und Österreicher, hier verlief immer eine Grenze oder ganz in der Nähe, wie die alte österreichisch-italienische Grenze bei Avio, ein paar Kilometer etschaufwärts. Ob Theoderich (Sie erinnern sich: Dietrich von Bern heißt soviel wie Theoderich von Verona, und die Berner Klaus ist die Etschenge bei Rivoli) oder Napoleon, rund um Rivoli und auf den Höhen darüber wurden immer wieder Schlachten geschlagen und Kämpfe ausgetragen, Befestigungen errichtet und gewaltsam zerstört, seit hier Menschen sind. Die weltgeschichtlich bedeutendste Schlacht, die sich hier zutrug, war die Schlacht von Rivoli am 14. Januar 1797, die das napoleonische Herrrschaftsgebiet Norditalien konsolidierte und die Österreicher bis 1814 aus diesem Gebiet vertrieb. Der Schlacht war der Einmarsch napoleonischer Truppen im Jahre 1796 vorausgegangen. Am 30. Mai standen französische Truppen in Zuane und noch am selben Tag in Caprino, wo sie den Ort plünderten und Bürger verwundeten, was dazu führte, daß die Bevölkerung ab sofort den Österreichern Sympathien entgegenbrachte. Die standen nach wie vor in Tirol, zwanzig Kilometer flußaufwärts an der Etsch, nur zehn Kilometer jenseits Ferrara del Monte Baldo auf den nördlichen Kämmen des Monte Baldo. Am 29. Juli 1796 stieß österreichische Kavallerie über den Baldokamm in das Becken von Caprino vor, die französischen Besatzer wurden gefangengenommen, und ein ganzes österreichisches Bataillon ließ sich in Caprino nieder. Im Winter ging es westlich des Gardasees zwischen Österreichern und Franzosen hin und her, aber erst am 14. Januar 1797 kam es zur Entscheidungsschlacht, nämlich hier zwischen Rivoli und Zuane. Ein großes Denkmal, das man von der Straße von Zuane ins Etschtal aus erreicht, erinnert daran. Die Österreicher unter General Laudon wurden von Napoleon geschlagen, am nächsten Tag kam es an der Wallfahrtstreppe der Madonna della Corona zum Endkampf, auch hier mußten sich die Österreicher den Truppen General Jouberts ergeben. Erst 1814 kamen die Österreicher wieder und dann gleich als Herren, das neue Kaiserreich Österreich hatte sich von seinen Alliierten das Erbe der Republik Venedig ausbedungen und übernahm damit auch das Veronese. Diesmal blieben sie län-

Blick von den Weinbergen bei Rivoli auf den Steilhang, der den Aufstiegsweg zum Forte San Marco trägt

ger, lange genug, um ein effizientes Verwaltungssystem aufzubauen, das heute noch gerühmt wird, lange genug aber auch, um sich unbeliebt zu machen.
Das fest gebaute und bestens erhaltene Forte San Marco liegt in lichtem Flaumeichenbuschwald. Am steilen Hang zum Etschtal hinunter wachsen auch Steineichen, Felsenbirnen und Perückenstrauch. Der Blick geht weit hinaus ins Etschtal und ebensoweit in das Vorland. Die strategische Position des Forts wird deutlich, wenn man sich einmal um 360 Grad dreht: Bis auf eine schmale Schneise im Nordosten, welche die Oberkante des rechten Etschtalsteilhanges umfaßt, ist das gesamte Umfeld einzusehen. Das Fort ist nie in Kriegshandlungen verwickelt worden. Als es fertig war, fand der Krieg anderswo statt oder war über Forts und Territorialverteidigung dieser Art hinausgewachsen.

Die Forts rundum wurden nach 1814/15 wieder errichtet oder verstärkt, einige wurden neu gebaut. Nach Abzug der Österreicher aus Venetien und dem Anschluß an das Königreich Italien kamen neue Forts dazu, vor dem Ersten Weltkrieg wurde noch einmal hektisch gebaut. Selbst vor dem Zweiten Weltkrieg gab es nochmals Bautätigkeit. Und nach dem Zweiten Weltkrieg? Fragen Sie mal, was im Monte Moscal bei Affi los ist! Dort haben sich Nato-Truppen eingenistet, niemand weiß genau, was da unten vor sich geht. Nato-Geheimnis. Nichts ändert sich auf unserem Planeten. Oder?

Der Weg

Bei der Trattoria Zuane geht man auf der Straße 150 m in Richtung Etschtal, bis jenseits ein Fahrweg beginnt. Dieser führt zu einem Schotterwerk, hier gabelt er sich, links geht es zum Haus Sarpelle, und hier werden wir auf dem Rückweg wieder ankommen, rechts geht es auf altem Kriegssträßchen auf den vor uns liegenden Rücken und zum Forte San Marco. Das Sträßchen, das für normale Fahrzeuge nicht befahrbar ist, führt in vielen (an die vierzig) Kurven bergan, man kann immer wieder abkürzen, sollte dies aber wegen der Erosionsgefährdung des Untergrunds und der vielen wärmeliebenden und nicht häufigen Pflanzen, die hier gedeihen, nicht tun. Der Hang ist zunächst sehr steil, legt sich dann aber zurück. Beim Forte San Marco (451 m, 1.00 h) geht man nach der Besichtigung nach links und in Richtung Norden, ein hier beginnender Weg führt ohne Richtungsänderung auf den Ort Lubiara (293 m, 0.25 h/ 1.25 h) zu. Verschiedene querende Wege beachtet man nicht, bei Gabelungen, an denen beide Wege in die gleiche Richtung zu führen scheinen, halte man sich links. In Lubiara, das aus mehreren Weilern besteht, gibt es zwei aus dem Ort nach Süden führende Straßen; die uns nähere führt direkt zum Haus Sarpelle und damit zum Schotterwerk am Ausgangspunkt zurück. Die andere, die etwas weiter westlich aus dem Ort nach Süden führt, bringt uns nach etwa einem Kilometer zu einem großen Steinkreuz an einer Wegkreuzung. Hier gehen wir nach links hinunter auf einen Karren- und dann Fußweg, umgehen die Häusergruppe Case Ruina (293 m, 0.25 h/1.25 h), die wir unten sehen, auf der linken Seite und finden jenseits einen in gleicher Richtung weiterführenden Fahrweg, der uns ebenfalls zum Haus Sarpelle und zurück zum Ausgangspunkt bringt (186 m, 0.15 h/2.20 h).

Gebiet 8
Valpolicella und der Fuß der Lessinischen Berge nördlich Verona

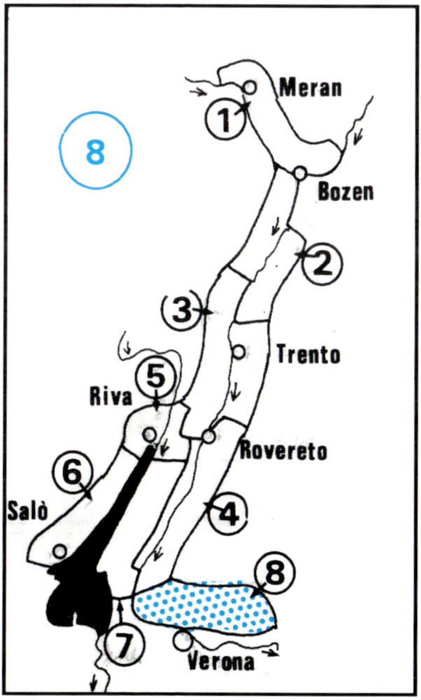

Die meisten Wanderer kennen die Lessinischen Berge nur durch den Europäischen Weitwanderweg 5, dessen letzte Etappen vor Verona die Lessini queren. Meist enden deutsche Bergsteiger ihre E5-Partie in Giazza, im letzten deutschen Sprachort Zimbriens, und fahren dann mit dem Bus weiter ins nahe Verona. Nur wenige nutzen die von Veroneser Wanderern ausgezeichnet markierte Weiterführung dieses Fernwanderwegs bis Verona. Zugegeben, im Sommer, wenn man den E5 macht, ist es eigentlich zu heiß, um in die Ebene hinabzusteigen. Also kommen Sie doch im Winter! Zwischen der Zeit des fallenden Laubs in den Edelkastanienwäldern und der Kirschblüte in der Valpolicella ist das Wanderland »Lessini« besonders besuchenswert. Allein schon, wenn das Wort Valpolicella fällt, müßte der Groschen fallen: Das ruft Erinnerungen wach an Wein und Kirschblüte, warme Wege im Sonnenschein, grüne Flaumeichenwälder und alte Orte mit romanischen Kirchtürmen, venetianische Villen und Ölbäume an den unteren Flanken des Tales. Unsere Wege nehmen besonders südausgerichtete Hänge in Anspruch, die Topographie der Lessinischen Berge kommt dem entgegen, sie besteht aus lauter parallel von Nord nach Süd verlaufenden Tälern, mit der Kette der Gipfel genau im Norden, der Ebene, in der Verona und Vicenza liegen, genau im Süden. Das Klima ist nicht ganz so mild und lieblich wie am Gardasee, aber die Sonne kann hier im Winter dieselbe Stärke haben und dem Wanderer unverhofft einheizen. An ein paar Tagen geht der Nebel aus der Poebene höher hinauf, als das üblich ist, stellt sich bis auf 250 m, ja 300 m ein, aber das ist selten, normalerweise hat man da oben seine Ruhe. Weil das der Fall ist, gibt es keine Steineichen, die ja nur bis etwa 200 m in geschlossener Verbreitung vorkommen, auch keine anderen echt mediterranen Pflanzen in größerer Verbreitung, sie bleiben dem Gardasee vorbehalten.

Ganz anders als in den Gardaseeorten ist hier die Architektur. Der Stein der Lessini kommt häufig als plattiger Kalk oder Marmor vor. Die »Pietra di Prun« beispielsweise ist so ein plattiger Marmor. Man verwendete und verwendet ihn heute noch zum Dachdecken und für die Feldbegrenzung. Riesige Platten sieht man manchmal, das gibt dieser Landschaft einen ganz eigenen Charakter!

»Prun«? Das ist doch nicht etwa ein deutscher Name? Doch, sicher. Die »Zimbern«, wie man die Nachfahren deutschsprachiger Einwanderer des Frühmittelalters nennt, haben vielen Orten den Namen gegeben. Die ehemals dreizehn freien Gemeinden, die »Tredici Comuni« der Lessinischen Berge haben ihr Deutsch aber nur in einer ganz kleinen Enklave beibehalten, in Giazza oder, wie es auf Zimbrisch heißt, Ljetzan. Sie werden das Deutsche von Ljetzan kaum verstehen, wenn Sie das Glück haben sollten, es zu hören (im Alltag wird in der Öffentlichkeit praktisch nur italienisch gesprochen). In Giazza und in Verona gibt es Buchhandlungen, die Bücher in Deutsch, Italienisch und Zimbrisch aufliegen haben, die Edition Taucias Gareida in Giazza ist besonders eifrig in dieser Hinsicht.

Tour 50 Von San Giorgio di Valpolicella zum Monte Solane

S	1
Z	Ht
H	250 m/250 m; 376 m/619 m
V	Submediterrane Flaumeichenstufe
B	Ganzjährig scheefrei
A/E	San Giorgio di Valpolicella, Bus von S. Ambrogio di Valpolicella bzw. von Verona
W	Trattorien und Bars in San Giorgio und Càvalo, einige Brunnen auf dem Wege
L	Kompass-Karte 1:50 000, Bl. 100, Monti Lessini - Recoaro Terme, Italienische Karte 1:50 000, Bl. 123, Verona Ovest, Wanderkarte 1:20 000, Sulle Colline dalla Valpolicella al Lago di Garda

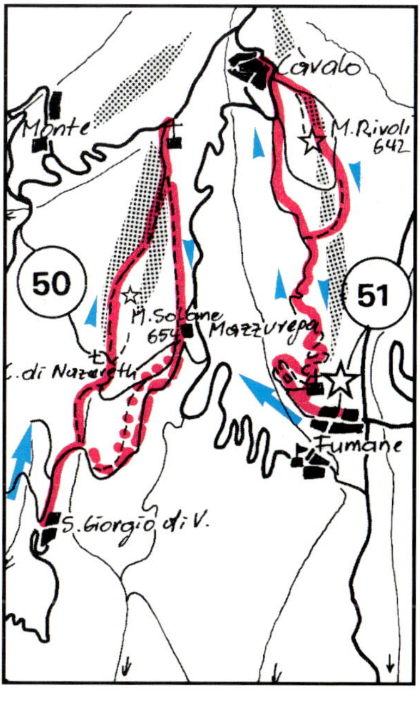

Die Langobarden wußten schon, wo sich's gut leben ließ, und ließen sich dort nieder, zum Beispiel in San Giorgio di Valpolicella, wo Kirche und Altarziborium an diese Zeit erinnern. Rund um das Dorf erstrecken sich Kirschenhaine, Ölbaumpflanzungen und Weinberge, in denen der kräftige und aromatische Valpolicellawein wächst und in denen Trauben geerntet werden, aus denen man den wunderbaren Recioto keltert. Noch in 500 m Höhe wachsen die Ölbäume auf dem sonnenwarmen Hang, gedeihen mediterrane Wärmeanzeiger wie die Zypresse, die Flaumeiche, der Essigbaum, Kiefern, vor allem aber der Perückenstrauch. In den Gärten stehen Feigen, Ka-

Kirschblüte bei der alten Kirche von Càvalo

kibäume und Japanische Mispeln. Wie gesagt: Die Langobarden wußten, warum sie sich hier niederließen.

Unser Wanderweg ist durchgehend sonnig, auf dem Rückweg zwar im Waldschatten, aber in einem warmen Kiefernwald, Schnee gibt es alle heiligen Zeiten mal, und er bleibt nicht liegen. Der Hochwinter ist exzellente Wanderzeit, wunderschön der Frühling, und zwar besonders zur Zeit der Kirschblüte, meist in der ersten Aprilhälfte. Zur Kirschenernte im Juni veranstaltet Càvalo ein Kirschenfest, das ist natürlich auch kein schlechter Anlaß für eine Wanderung. Später zu wandern, wollen wir nicht empfehlen, es wird zu heiß, die Vegetation ist verbrannt, Schlangengefahr. Erst wieder im Oktober sollte man diese Tour machen und dann genießen, besonders wenn die Fernblicke nach der sommerlichen Diesigkeit, die meist bis weit in den September reicht, wieder möglich sind.

Der Weg

In San Giorgio di Valpolicella schlage man bei der Kirche die Via della Torre ein (Schild »Mazzurega«). Nach ca. 1,2 km auf dieser asphaltierten Straße zweigt in einer Rechtskurve nach links ein schmaler Fahrweg ab (Markierung rot-weiß und 13), den wir einschlagen und der uns kräftig ansteigend zur Kirche Casa di Nazareth, samt karitativen Einrichtungen, bringt (ca. 570 m, die Querung des Privatbesitzes wird gestattet). Man verläßt diesen Bereich durch das Tor rechts der Kirche und wendet sich links auf ein asphaltiertes Sträßchen, ein riesiges Metallkreuz mit Illumination bleibt links. Nach nur etwa 150 m zweigt rechts ein markierter Weg ab, der uns zum Monte Solane (655 m, 1.00 h) hinaufbringt (Antennenanlagen, Aussicht nur von den Felsen im Osten des Gipfelwäldchens) und weiter über den Rücken bis zur alten Kirche von Càvalo an der Asphaltstraße von Monte nach Càvalo (619 m, 0.30 h/1.30 h). Vom Platz vor der Kirche geht von uns aus gesehen rechts ein Pfad in den Wald hinein, dies ist die alte Straße hinunter nach Mazzurega, schöne alte und typisch lessinische Steinplattenbegrenzung! In Mazzurega (401 m, 0.30 h/2.00 h) erreichen wir wieder das Asphaltsträßchen, das von San Giorgio hierherführt, wir folgen ihm bis hinunter nach San Giorgio (376 m, 1.00 h/3.00 h) mit einem möglicherweise längeren Abstecher: Etwa 1,5 km nach Mazzurega beginnen rechts Wiesen, die sich auf aufgelassenen Terrassen entwickelt haben. Diese Wiesen sind wahre Blumenparadiese. Mehrere alte Wege führen durch, die meisten noch mit gut erhaltenen Mauern aus Kalksteinplatten; man nehme sich unbedingt Zeit für diesen Abstecher.

Tour 51 Von Fumane zur Muttergottes von Salette und zum Monte Rivoli

S 1
Z Ht
H 450 m/450 m; 185 m/641 m
V Submediterrane Flaumeichenstufe, im unteren Hangbereich Elemente der quasi-mediterranen Steineichenstufe
B Ganzjährig schneefrei
A/E Fumane in der Valpolicella, Bus von Verona
W Trattorien und Bars in Fumane und Càvalo, kein Wasser auf dem Weg
L Wie Tour 51. Lageskizze auf Seite 201.

Machen Sie den kleinen Umweg, und schauen Sie sich im oberen Ortsteil von Fumane auf der linken Seite der neuen Straße nach Mazzurega und Càvalo die Villa Della Torre oder Cazzola an. Sicher, die Villa ist normalerweise und selbst mit Voranmeldung kaum zu besichtigen, aber selbst was man von der Straße sieht, lohnt schon den Umweg. Es handelt sich um eine Renaissancevilla, die aus zwei hintereinandergestellten Wohnhäusern besteht, zwischen die man einen Garten im Sinne eines römischen Atriums gesetzt hat. Ein formeller Garten zwischen Villa und westlichem Ausgang, den man von der Straße einsehen kann, der namengebende, direkt an der Straße gelegene Turm und die Achsialanlage, die man vom Westeingang erkennen kann, sind bemerkenswerte Elemente dieser Villa.
Über den Wallfahrtsweg steigt man zur Kirche der Marienerscheinung von La Salette hinauf. Damals (1846) erschien die Gottesmutter zwei Bauernkindern im französischen La Salette. Zwischen der Erscheinung von Paris (1830), die mit dem heute noch lebenden Kult der Wunderbaren Medaille verbunden wird, und Lourdes war dies die wichtigste Marienerscheinung des 19. Jahrhunderts, damals in katholischen Gebieten weltweit diskutiert und Anlaß zu zahlreichen Wallfahrten. Die Wallfahrtskirche oberhalb von Fumane mit ihrer prächtigen Aussichtslage wurde zu Ehren der Madonna von La Salette errichtet. Die Gottesmutter und die beiden Kinder stehen in Form bemalter Statuen in den Felsen und in einer Höhle seitlich unterhalb der Kirche (siehe Bild auf Seite 18).
Wer Villa und Kirche hinter sich gelassen hat, steigt durch extrem trockenen – und auch im Winter warmen –, lichten Buschwald zu einer von Wiesen bedeckten Hochfläche, die vom Monte Rivoli bekrönt wird, einem flachen, nicht weiter besonderen Hügel, der aber eine herrliche Aussicht aufweist. Wer hier vom März an wandert, findet Wiesenblumen, wie sie auf vom Dünger beeinträchtigten Wiesen kaum noch blühen: allen voran (Ende April/Anfang Mai) Margerite, Baldrian, Hornklee, Vergißmeinnicht und Glockenblume, Wiesenknopf und Skabiose. Wir sahen diese Wiesen unmittelbar nach einer Reise, die wir durch den Naturpark Altmühltal in Franken gemacht hatten, auf der wir fast nur Löwenzahn gesehen hatten, ganz selten einmal eine Margerite, nie eine Glockenblume. Bis an die Waldränder war jedes Stückchen Wiese gedüngt, jede natürliche Vegetation zerstört worden.
Kommen Sie im Winter, die südliche Exposition dieser Wanderung erlaubt ganzjährig Touren (im Hochsommer ist wegen der enormen Hitze abzuraten). Oder im Frühling, nicht nur der Mai bietet sich an, schon im Februar blühen Primeln und Krokus. Oder im Herbst, dann blühen die letzten Heckenrosen, der Perückenstrauch beim Aufstieg von der Wallfahrtskirche hat sich in sein feines Gespinst gehüllt, und die Zypressen stehen vor einem dunkelblauen Himmel.

Villa della Torre in Fumane (Januar)

Der Weg

Man nimmt in Fumane (185 m) bei der Kirche die in Richtung Càvalo talaufwärts führende Straße. Wo diese einen scharfen Knick nach links macht, geht man auf schmaler, asphaltierter Straße weiter. In einem Zypressenhain liegt der durch zwei Steinquader (Markierung rot-weiß und 12 bis Càvalo) kenntlich gemachte und im Sommer reichlich mit Blumen geschmückte Beginn des Pilgerpfades zur Madonna delle Salette. Wir folgen ihm hinauf zum Vorhof der Kirche (300 m, 0.30 h) und weiter, rechts an der Kirche vorbei, zum dort beginnenden Sträßchen. Hier führt ein Trampelpfad weiter bergan zur nächsten Kurve der alten, heute nicht mehr instand gehaltenen Straße nach Càvalo, der wir nach rechts folgen. Alternativ auf der Asphaltstraße bergab bis zur ersten Linkskurve, hier nach rechts auf den Beginn der alten Straße. Die in Teilen sehr schlechte und für PKWs (Gott sei Dank!) kaum befahrbare Straße führt in vielen Kehren zur Hochfläche um den Hof Ca' Tripoli (ca. 485 m, 0.35 h/1.05 h). Hier beginnt der asphaltierte Teil der Straße, der bis Càvalo reicht, wohin wir auch gehen (600 m, 0.40 h/1.45 h). Nach der Erfrischungspause queren wir auf dem Sattel in Höhe der Kirche die Asphaltstraße und gehen auf Sträßchen, dann Fahrweg, in etwa gleicher Höhe entlang dem Osthang des Monte Rivoli. Über wunderschöne, ganz natürliche (ungedüngte!) Wiesen erreicht man seinen Gipfel (641 m, 0.15 h/2.00 h). Vom Gipfel genau nach Süden, wieder über Wiesen; man erreicht den rund um den Berg führenden Fahrweg in der Nähe eines kleinen Marmorbruches. Hält man sich rechts, erreicht man auf wunderschönem Weg durch Kirschgärten die Kurve der neuen Straße unterhalb Càvalo und kann dann nach links auf der alten Straße nach Fumane zurückgehen. Geht man direkt vom Marmorbruch auf Weg und über Wiesen südlich den Hang hinunter, sich dabei etwas rechts haltend, erreicht man die alte Straße nach Fumane oberhalb der Ca' Tripoli, wahrscheinlich bei einem einzeln stehenden Häuschen mit Marienfresko. Insgesamt vom Gipfel eine Stunde bis Fumane (185 m, 1.00 h/3.00 h).

Tour 52 Von Negrar über Montecchio nach Verona

S	2
Z	Ht, besser T
H	350 m/450 m; 97 m/540 m
V	Im unteren Bereich Ölbaumhaine der submediterranen Stufe, im höchsten Bereich submediterrane Stufe mit Edelkastanien und Kirschen
B	Selten dünne Schneedecke im höchsten Bereich und nur in Schattenlage; Val Borago in Teilstrecken im Hochwinter vereiste Stellen
A	Negrar, Bus von Verona
E	Avesa, Stadtbus nach Verona
W	Trattorien in Negrar, Montecchio und Avesa, Wasser auch vor und in Preperchiusa
L	Italienische Karte 1:50 000, Bl. 123, Verona Ovest, Kompass-Karte 1:50 000, Bl.100, Monti Lessini - Recoaro Terme

Das schönste Stück dieser Wanderung ist sicher die halbe Stunde zwischen Preperchiusa und Siresol, zwei Häusergruppen am Westhang des Höhenzuges, den der Europäische Weitwanderweg 5 zwischen Ljetzan (Giazza) und Verona benutzt. Man blickt auf die Fülle der Weinberge der Valpolicella, nicht nur auf Negrar, sondern auch auf die Orte weiter im Hintergrund, auf Fumane, auf Marano, meint, sogar S. Ambrogio di Valpolicella noch ausnehmen zu können. Der eindrucksvolle Blick auf diese riesige Weinbaulandschaft mit ihrem milden Klima, das uns ja hierhergezogen hat, macht deutlich, welche enorme Bedeutung der Weinbau für diese Landschaft hat. Selbst hier oben, wo wir uns befinden (Preperchiusa liegt 421 m hoch, Siresol 450 m), gibt es noch Wein und sogar noch Ölbäume, wieviel günstiger muß diese ganze nach Süden ausgestreckte und den kalten Nordwinden abgedeckte Landschaft für den Weinbau sein! Die Kirschen blühen hier schon in der ersten Aprilhälfte (1993 standen sie in der zweiten Aprilwoche in voller Blüte), die ersten Kirschen werden in der dritten Maiwoche reif (beobachtet am 15. Mai). Im Winter schneit es hier ganz selten einmal, der Schnee bleibt kaum einmal liegen, nur in den tieferen, schattigeren Tälern muß man mit Rauhreif und gefrorenen Passagen rechnen. Im Sommer ist es im Gegenteil ziemlich unerträglich; wenn kein Wind weht, sollte man sich hüten, eine der Wanderungen dieses Gebietes zu versuchen. Aber Sie lesen ja eben einen Wanderführer für die kühlere Jahreszeit! Das Gebiet ist wegen seiner Klimagunst schon lange besiedelt, zuletzt hat man 1965 eine

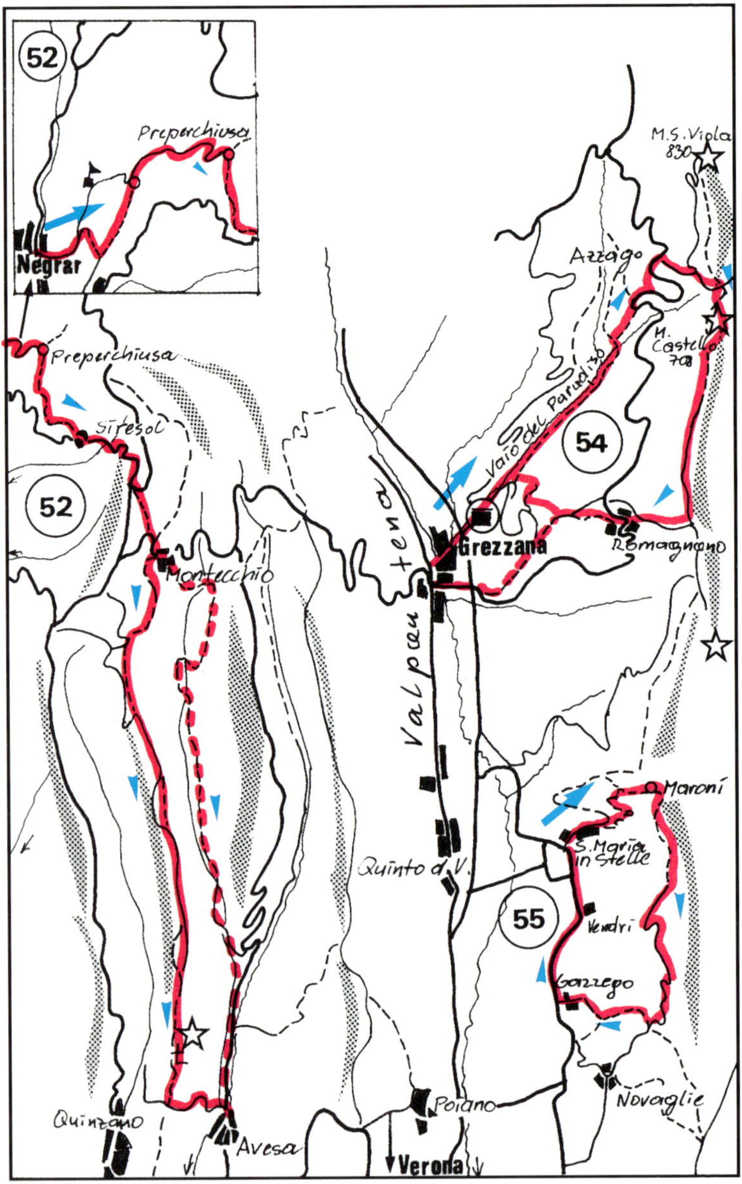
52
Preperchiusa
Negrar
M.S. Viola
830
Azzago
M. Castello
708
Preperchiusa
Siresol
54
52
Grezzana
Romagnano
Vaio del Paradiso
Valpantena
Montecchio
Maroni
S. Maria in Stelle
Quinto d. V.
55
Vendri
Gazzego
Novaglie
Poiano
Quinzano
Avesa
Verona

Weg zwischen Preperchiusa und Siresol

eisenzeitliche Siedlung gefunden, sie befand sich auf einer Verflachung oberhalb der Häusergruppe Il Masetto, die wir passieren. Leider ist den Veronesern sehr bewußt, wie angenehm hier das Klima ist, daß zum Beispiel im Winter, wenn Verona wochenlang im feuchten Nebel steckt, hier blauer Himmel und Sonnenschein herrschen, fünf bis zehn Grad höhere Temperaturwerte gemessen werden als in Verona und daß in den Tälchen der Valpolicella leichte Brisen wehen, wenn in Verona alles unter sommerlicher Hitze erstickt. Die Neubaugebiete der meisten Orte der Valpolicella, eines umgehen wir auf unserem Weg von Negrar hinaus aufs Land, legen davon deutliches Zeugnis ab.

Der Weg

In Negrar (190 m) quert man in Höhe der Kirche über die Brücke auf die andere Talseite, wo man die rechte Straße nimmt. Sie führt im leichten Linksbogen, dann geradeaus und schließlich bei einer Gabelung als Schotterstraße nach links zu einer alten Häusergruppe, wo sie in eine von links heraufziehende Asphaltstraße mündet. Wer hier links geht, erreicht Poiega, den Standort von Villa und Garten der Grafen Guerrieri-Rizzardi, die den meisten Besuchern dieser

Region durch ihre Weingüter (unter anderem in Bardolino) bekannt sind. Nun rechts aufwärts auf der Asphaltstraße in ein Neubaugebiet und im großen Bogen um dieses herum auf einen Rücken (ca. 235 m, 0.20 h). Hier wenden wir uns nach links auf einen für motorisierten Verkehr gesperrten Maultierweg zwischen Ölbaumhainen, ab hier rot-weiß markiert, der uns auf einen Sporn (Ausblick!) und zum vorzüglich restaurierten Gut Il Palazzo (300 m) an der Asphaltstraße nach Preperchiusa bringt. Nach rechts auf dieser Straße weitergehend, erreichen wir die Häusergruppe Preperchiusa (421 m, 0.30 h/0.50 h), ein Eldorado für Liebhaber von Gartenzwergen und anderen tönernen und gipsernen, meist deftig bemalten Gartenstatuen (unbedingt anschauen!).

In Preperchiusa stehen am Ende der Straße zwei alte Straßenschilder, wir vertrauen uns jenem an, das nach rechts Richtung Montecchio weist. Diese Verbindung führt nach Siresol an der Asphaltstraße nach Montecchio und ist ein für Traktoren befahrbarer, fast eben und sehr aussichtsreich durch Kirschengarten, Wald und Ölbaumhain führender Weg, eben ein altes Sträßchen. In Siresol (450 m, 0.25 h/1.15 h) geht man auf der Asphaltstraße links weiter, bis man die Wasserscheide erreicht hat, hier (540 m, 0.15 h/1.30 h) geht man auf dem markierten Weg weiter, der halblinks zwischen den sich hier gabelnden Asphaltstraßen weiterführt. Er zieht in ein Tälchen hinunter und mündet jenseits kurz vor dem Ort in den von Veroneser Bergsteigervereinen vorbildlich markierten Europäischen Weitwanderweg E5. Montecchio (495 m, 0.10 h/1.40 h) ist ein guter Ort zum Rasten, eine Bar und die Trattoria Menini laden zu Erfrischungen ein.

Von Montecchio nach Avesa, das bereits zu Verona gehört, wo unsere Wanderung endet, kann man auf zwei Arten gelangen. Einmal bleibt man auf dem E5 und wandert durch das romantische, schattige, aber im Winter kalte und durch gefrorene Partien nicht ganz angenehm zu begehende Val Borago hinunter, die Markierungen des E5 führen auf dieser Route, so daß wir sie nicht noch genauer besprechen müssen (Avesa: 97 m, 1.50 h/3.50 h). Die andere Möglichkeit, und im Winter würden wir sie auf jeden Fall vorziehen, führt über den offenen, der warmen Sonne ausgesetzten und genau nach Süden führenden Rücken westlich des Tales. Diesen Weg beschreiben wir im folgenden.

In Montecchio geht man von der Trattoria Menini aus genau nach Süden, quert eines der obersten Tälchen des Val Borago und findet jenseits einen Weg, der entlang einem bewaldeten Hang in etwa gleicher Höhe zum Rücken zwischen Boragotal und Quinzanotal führt, man erreicht die Wasserscheide zwischen den Häusergruppen Il Masetto (481 m) und Il Maso (460 m). Nun heißt es nur noch, immer auf der Wasserscheide zu bleiben, sich somit südlich zu halten, und beim großen Kreuz, der »Crocetta« (280 m, 1.25 h/ 3.05 h), eine letzte, den Blick auf die Tiefebene (oder auf den Nebel ...) gewährende Rast zu machen. Denn nach der Crocetta kommt nur noch ein kurviges Wegstück, wo es relativ steil bergab geht, eine Abzweigung nach rechts, die man nicht beachtet, und eine Abzweigung nach links, der man folgt, um bald in Avesa zu sein (97 m, 0.15 h/3.20 h).

Tour 53 Spaziergänge am Ponte di Veja

S	Spaziergang, leichte Wanderung
Z	Ht
H	350 m/350 m, ca. 490 m/808 m
V	Flaumeichenstufe
B	Im Hochwinter dünne Schneedecke möglich
A/E	Ponte Basaginocchi an der Straße durch das Valpantena (Verona–Lugo–Bellori)
W	Trattoria »Al Ponte di Veja«, fünf Minuten oberhalb des Ponte di Veja
L	Wanderkarte 1:20 000, Lessinia - Carega, Italienische Karte 1:50 000, Bl. 101, Malcèsine, und 123, Verona Ovest

Der Ponte di Veja ist eine natürliche Steinbrücke in den Kalkfelsen, die das Hochplateau oberhalb des Valpantena begrenzen. Naturbrücken gibt es viele, anderswo hat man einen ganzen Nationalpark nach ihnen benannt (den »Arches«-Nationalpark im amerikanischen Bundesstaat Utah). Aber in unseren europäischen Alpen sind sie selten und meist nicht sehr eindrucksvoll. Dagegen der Ponte di Veja: 24 m bis 29 m innere Höhe des Bogens, Spannweite 47 m bis 52 m, Breite der Brücke zwischen 16 m und 23 m. So eindrucksvoll ist dieses Naturphänomen, daß es schon früh von Reisenden besucht wurde. Andrea Mantegna hat die Naturbrücke 1474 im Hintergrund eines Freskos der »Camera degli Sposi« im Fürstlichen Palast von Mantua verewigt. Wer staunend darunter steht, fragt sich unwillkürlich, wie so etwas entstehen kann. Ja wie denn?

Das Gestein der Naturbrücke besteht im Prinzip aus zwei sehr unterschiedlichen Kalken. Die Brücke selbst steht in einem roten, harten, schwer abzutragenden, aber wasserdurchlässigen Ammonitenkalk. Der Hohlraum darunter und die umgebende, abgetragene Zone markieren einen sehr leicht abzutragenden oolithischen Kalk,

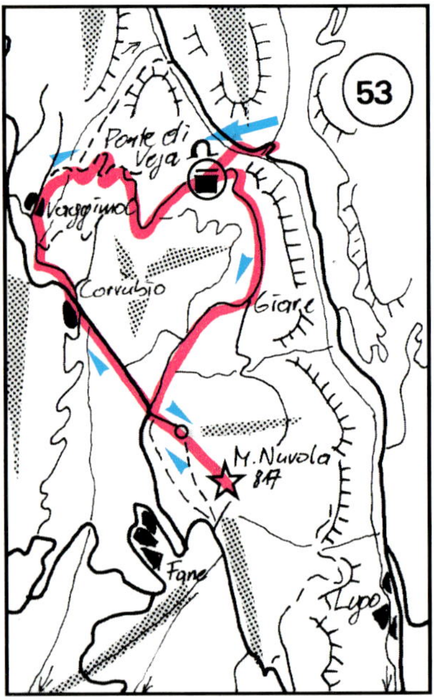

das heißt, dieses Gestein setzt sich aus lauter nicht ganz erbsengroßen Kalkkonkretionen zusammen, die nicht vollständig miteinander verbacken sind und deshalb der Erosion kaum etwas entgegensetzen können. Die Brücke wurde bereits vor etwa 40 Millionen Jahren angelegt, damals entwickelte sich im Oolith eine Quellgrotte aufgrund des durch den harten Ammonitenkalk durchsickernden Wassers. Die Grotte wuchs und wuchs, die Decke wurde durch die an den Klüften vordringende chemische Erosion in Einzelteile zerlegt – bis die Decke einbrach, vielleicht vor 180 000 Jahren, vielleicht erst vor 20 000 Jahren, die Höhlenbären, die das beobachtet haben, können nicht mehr berichten (ihre Knochen hat man gefunden!). Anderswo hat sich ähnliches abgespielt, mit dem einen Unterschied: Am Ponte di Veja blieb ein isolierter Teil der Decke der Grotte erhalten, die heutige Naturbrücke.

In der kalten Jahreszeit ist man meist allein hier, im Winter mit Sicherheit, die Trattoria hat dann möglichweise geschlossen, was man bei der Verpflegung berücksichtigen sollte! Auch in der kältesten Zeit ist es nicht grau und trist, Efeu rankt sich um die Bäume am schattigen und kühlen Hang des Valpantena, im Unterholz leuchten die roten Beeren des Mäusedorns, die ersten Haselnußblüten findet man schon im Januar, und wer Glück hat, sieht noch im Februar Krokus und Seidelbast. Im Frühling kommen Orchideenliebhaber auf ihre Rechnung, auf trockenen Kalkkuppen des Plateaus blühen sehr früh Spinnenragwurz (Ophrys sphegodes), Kleines Knabenkraut (Orchis morio) und Helmknabenkraut (Orchis militaris), und nur wenig später wächst an humusreicheren Stellen das Holunderknabenkraut (Orchis sambucina) in seinen beiden Farbvarianten, purpurrot und gelb, während an feuchten Stellen das Fuchssche Knabenkraut (Dactylorhiza Fuchsii) seine Blüten öffnet.

Der Ponte di Veja

Man nehme sich viel Zeit für den Ponte, mehr als unsere Angabe »Halbtagestour« andeutet, denn die Zeiten an der Brücke, die Wege unter ihr durch und über sie hinweg und im Bogen unten wie oben herum, aber auch das Essen in der (ausgezeichneten) Trattoria haben wir natürlich nicht einbezogen in unsere Zeitangabe. Also doch eher ein Tagesausflug, insbesondere wenn man nicht nur von Verona herkommt!

Der Weg

Man erreicht den Ausgangspunkt der Wanderung, wenn man von Verona die Straße ins Valpantena einschlägt (Schilder »Grezzana«, später »Lugo«, schließlich »Fosse« und »Ceredo«. 3 km nach der Ortschaft Bellori und 22 km nach Verona führt die Straße im engen Bogen in ein Nebental hinein, bei der Brücke, dem Ponte Basaginocchi (ca. 490 m), kann man parken. Nun kurz auf der Asphaltstraße weiter bis ein Weg quert, es ist der gut markierte Europäische Weitwanderweg E5, wir folgen ihm nach links, queren das Tal und steigen hinauf zum Ponte di Veja (602 m). Ein paar Minuten oberhalb liegt die Trattoria al Ponte (620 m, 0.30 h) an einer Asphaltstraße, der wir nach links folgen. Nach zwanzig Minuten erreichen wir das Dorf Giare (684 m) mit schönen, typisch lessinischen Steinbauten aus der »Pietra di Prun«. Weiter auf der Straße bis zu einer Kreuzung (752 m, 0.40 h/1.10 h), dort nach links auf Fahrweg bis zum Weiler Casetta, von dort aus über Wiesen zum vor uns liegenden Monte Nuvolà (808 m). Zurück zur Kreuzung (0.30 h/1.40 h) und nun jenseits weiter nach Corrubio (788 m). Von Corrubio (788 m) ein kurzes Stück auf der Straße nach Sant'Anna d'Alfaedo und sofort auf Sträßchen, das rechts und abwärts nach Vaggimal (770 m, 0.35 h/2.15 h) führt. Auch in diesem Ort interessante lessinische Steinarchitektur. In Vaggimal durch den Ort und auf der anderen (nördlichen) Seite wieder hinaus, diesmal auf altem Maultiersträßchen, das zum Teil von Steinplattenmauern begleitet wird. Es führt im Rechtsbogen zur Straße nach Crèstena, der wir in diesen Ort folgen (706 m, 0.40 h/2.55 h), und weiter nach Ponte die Veja und auf dem uns schon bekannten Hinweg zurück zum Ausgangspunkt (0.20 h/3.15 h).

Tour 54 Von Grezzana durch den Vaio del Paradiso nach Azzago

S	1
Z	Ht/T
H	550 m/550 m; 169 m/708 m
V	Im unteren Bereich heiße Flaumeichenstufe, dann feuchtkühler Schluchtwald, im Aufstieg Trockenrasen und Flaumeichenwald, dann Mähwiesen der submediterranen Flaumeichenstufe
B	Im Schluchtwald bei kaltem Wetter vereiste Stellen, ab 600 m im Hochwinter manchmal eine dünne Schneedecke
A/E	Grezzana, Bus von Verona
W	Trattorien in Grezzana und La Catena (ausgezeichnet), Bars in Azzago und Romagnano
L	Italienische Karte 1:50 000, Bl. Verona Est, Kompass-Karte 1:50 000, Bl. 100, Monti Lessini - Recoaro Terme. Lageskizze auf Seite 208.

Dieser wunderschöne Wandervorschlag ist voll von Kontrasten. Im schattigen Tal des Vaio del Paradiso wachsen unter den Stieleichen und Ahornbäumen das Immergrün, Efeu, Waldrebe, Leberblümchen, Christrose und in der eigentlichen, schmalen Felsenkluft sogar große Büschel der seltenen (und auch hier geschützten) Hirschzunge. Ein paar Meter weiter, auf dem Südhang unter Azzago, stehen Flaumeichen, wächst der typisch mediterrane Wärmeanzeiger Perückenstrauch, gedeihen nur noch trockenheits- und hitzeresistente Pflanzen. Wer hier im Sommer geht, verschmachtet und ist in Gefahr, von Vipern gebissen zu werden, wer den Schluchtteil im Hochwinter macht, muß mit vereisten Strecken, Schneelage, ja Ungangbarkeit rechnen. Bleiben Frühling und Herbst, besser Frühling. Die Tage sind dann insgesamt noch mild, die Hitze baut sich noch nicht auf, wie das im Sommer bis in den Oktober hinein der Fall ist. Im frühen Frühjahr hat man auch noch eine bessere Aussicht, weil die Bäume noch nicht ausgeschlagen haben, der Spätherbst und frühe Winter sind aber auch eine gute Jahreszeit. Die Spätherbsttage im November und in der ersten Dezemberhälfte sind besonders reizvoll, wenn, wie das oft der Fall ist, unten schon der Nebel liegt, darüber aber, meist ab der 200-m-Marke, herrliche Fernsicht herrscht. Dann blickt man vom Monte Viola oder vom Monte Castello auf die Caregagruppe und die Berge der Lessinischen Alpen, aber auch über die ganze Poebene hinüber auf die Gipfel des Apennin.

Der Weg

In Grezzana (169 m) wendet man sich bei der von Verona aus zweiten Ampel nach rechts und erreicht auf schnurgerader Straße den Ortsteil La Catena (links die Trattoria La Fornace) und den Beginn der langen Betonmauern, die Kiesplätze der Marmorverarbeiter der Region verbergen. An der Mauer vorbei erreicht man schließlich den Hof Sarmazzi (205 m), wo unsere Wanderung beginnt (für Nichtautofahrer: Von der Bushaltestelle bis hierher geht man etwa 25 Minuten).

Vom Hof Sarmazzi geht man in das hier beginnende grüne Tal, das Vaio del Paradiso. Der rot-weiß markierte Weg bleibt immer rechts, geht zuerst durch Wiesen, dann durch Wald, die Waldflanke wird steiler, schließlich quert man den hintersten Teil des Vaio, eine kalte, dunkle, romantische Schlucht. Unmittelbar danach folgt der Anstieg auf dem Südwesthang unterhalb Azzago durch trockenen Buschwald. Auf einer schmalen Verflachung im Kiefernwald wird eine Weggabelung erreicht, wir folgen der rechten, aufwärts führenden Markierung. Dieses Stück ist im oberen Teil etwas verwachsen, besonders die letzten Meter vor dem Erreichen der großen Wiesenzone unter Azzago sind in jedem Frühling wieder rasch zugewachsen. Die Wiesen erreicht man bei einem verlassenen Haus, von hier an hält man sich immer in der Fallinie und erreicht über die Wiesen die Kurve einer asphaltierten Straße unter-

Der Weg durch den Vaio del Paradiso führt durch gänzlich verschiedene Landschaften.

halb Azzago mit jenseits gelegener Kapelle unter schönen Zypressen (522 m, 1.00 h).
Man folgt der Straße ein paar Meter nach links und wendet sich dann nach links auf einen Weg, der am Friedhof vorbei zum Ort Azzago führt. Man nimmt dort die nach links führende Straße nach Cerro, geht dann rechts in die Via Belvedere, die Kirche (622 m) bleibt rechts, bis man eine Gabelung erreicht. Hier nach links zum Monte Viola, nach rechts zu einem Sattel zwischen Monte Viola und Monte Castello mit schönen Goldregenbäumen und Blick auf das nächste Paralleltal zum Valpantena, das Val di Squaranto (664 m, 0.30 h/1.30 h).
Hier erreichen wir einen rot-weiß markierten Weg, der im Bogen nach Südosten um den Monte Castello herumführt. Wir verlassen ihn nach ein paar Metern und gehen zuerst auf Fahrweg und dann weglos über Wiesen auf den genau südlich liegenden Monte Castello (708 m) hinauf. Ausgezeichnete Rundsicht, nur der Norden wird durch den Monte Viola verdeckt. Nach Südwesten absteigend erreichen wir wieder den markierten Fahrweg, dem wir bis zu einem weiteren Paß folgen, dem Paß La Croce (468 m). Hier quert ei-

ne asphaltierte Straße, der wir nach rechts folgen, ein rot-weiß markierter Weg (D) führt bald links davon hinüber nach Romagnano (Kirche auf 351 m, 1.15 h/2.45 h).
In Romagnano queren wir die Hauptstraße. Wo die enge Ortsdurchfahrt von oben her beginnt, führt jenseits die Via dei Cipressi als schmaler Fahrweg aus dem Ort hinaus und zum Friedhof. Dort senkt sie sich, man erreicht eine Gabelung und geht rechts auf einen Weg. Dieser Weg führt durch Olivenanlagen zu einem Neubau hinunter, wo man eine Schotterstraße erreicht.
Wer das Auto am Beginn des Vaio del Paradiso gelassen hat, geht auf der Schotterstraße bis zur nächsten Linkskurve, wo der markierte Wanderweg geradeaus verläuft. Man schlägt ihn ein, verläßt ihn aber ebenfalls nach etwa hundert Metern, geht rechts die Wiesen hinunter und erreicht ein Schottersträßchen, das in mehreren Kehren zum Tal hinunterführt und zum Auto (205 m, 0.30 h/3.15 h).
Wer von Grezzana herkam, bleibt auf dem obengenannten Schottersträßchen und schlägt nach Erreichen der Straße Romagnano–Grezzana diese nach rechts ein; man gelangt nach 1,5 km nach Grezzana (169 m, 1.00 h/3.45 h).
Variante Monte Viola: Dieser Umweg von 1.15 h ist wegen der Aussicht von unterhalb des Monte Viola (der Gipfel selbst ist bewaldet) sehr zu empfehlen, verlängert aber die Tour zu einer echten Tagestour. Man geht an der Gabelung oberhalb Azzago nicht rechts, sondern links (Schild »Forte e Pineta S. Viola«), das Sträßchen führt bis ganz hinauf zum Monte Viola (830 m). Zurück bis an den Waldrand, dort genau Süd auf dem Höhenrücken bis zum Paß (664 m) unter dem Monte Castello, der direkt vor uns liegt.

Tour 55 Vom Hypogäum in Santa Maria in Stelle auf den Monte Marseghina

S	1
Z	Ht
H	350 m/350 m; 88 m/373 m
V	Flaumeichenstufe mit zahlreichen mediterranen Elementen, auch im höchsten Bereich Ölbäume und Zypressen
B	Nebelgefahr! Ganzjährig schneefrei.
A/E	Santa Maria in Stelle, südöstlich von Grezzana, Bus von Verona
W	Bars in Santa Maria in Stelle und Vendri, Wasser in La Campestre und Gazzego
L	Italienische Karte 1:50 000, Bl. 124, Verona Est, Kompass-Karte 1:50 000, Bl. 100, Monti Lessini - Recoaro Terme. Lageskizze auf Seite 208.

Diese sehr der Sonne ausgesetzte Wanderung ohne jeden Schatten ist ein idealer Winterspaziergang – aber nur, wenn wir einen nebelfreien Tag erwischen! Zwar ist normalerweise bei einer Höhe von 200 m, maximal 250 m, kein Nebel mehr anzutreffen, unser höchster Punkt liegt aber auf nur 373 m! Also, prüfen Sie vorher, ob für die Poebene wieder mal dichte Nebel angekündigt sind, und verschieben Sie diese Wanderung lieber, sollte dies der Fall sein.
Ein Höhepunkt unserer Wanderung liegt ganz am Anfang, allerdings nur dann, wenn Sie den Pfarrer (Pfarramt rechts der Ortskirche, vor der das Hypogäum liegt) herumkriegen, Ihnen aufzumachen und Sie zu führen (viel Glück!). Zwar handelt es sich bei dieser Sehenswürdigkeit, dem Hypogäum von Santa Maria in Stelle bzw. dem »Pantheon«, wie es lokal genannt wird, um eine Sehenswürdigkeit ersten kultur- und kunsthistorischen Ranges, das heißt aber noch lange nicht, daß a) feste Öffnungszeiten existieren und b) jemand da ist, der aufmacht. So ist das nun mal. Falls Sie Glück haben und hineingeführt werden: Es handelt sich um eine in der zweiten Hälfte des dritten Jahrhunderts angelegte (oder rekonstruierte?), völlig unterirdische Wassersammelanlage mit zwei langen Zuleitungskanälen von 32 m und 43 m, jeweils durch Becken unterbrochen, die im vordersten Teil durch ein Quellheiligtum bereichert wurden, ein Nymphäum. Sehr früh, wahrscheinlich noch vor der konstantinischen Übernahme des Christentums, wurde dieses Quellheiligtum dem Christentum gewidmet und ausgemalt, Malereien christlichen Themas haben sich aus dem fünften und sechsten Jahrhundert erhalten. Man sieht die drei Männer im Feuerofen,

Mohnblüte bei Gazzego

den bethlehemitischen Kindermord, Christi Einzug in Jerusalem, alle noch deutlich in frühchristlicher Manier gemalt; der Einzug in Jerusalem zum Beispiel noch ohne den Baum mit den hinaufgekletterten Kindern, wie er seit der frühbyzantinischen Zeit zu diesem Sujet gehört.
Und wenn Sie das Hypogäum nicht besichtigen können? (Liebe zuständige Behörden in Verona: Ihr nehmt Bilder aus dem Hypogäum in eure Werbung für Verona auf, aber darum, ob man diese Bilder in natura sehen kann oder nicht, sorgt ihr euch nicht. Wie wäre es mit festen Öffnungszeiten und einem Kustos, unseretwegen, wenn's denn schon sein muß, mit vorheriger Anmeldung?). Ein auch im Winter milder, ja warmer Spaziergang durch Wein- und Ölbaumpflanzungen, über aussichtsreiche, von selbst im Winter nicht ganz ihres Grüns beraubten Wiesen bestandene Bergrücken, durch alte Weiler mit einzelnen eindrucksvollen und uralten Bäumen, wie jenen im verlassenen Weiler Maroni, wo die alten Eichen sicher zur Zeit der Konstruktion der Häuser gepflanzt wurden, also irgendwann im 18. Jahrhundert. Beobachtungen über heute fast (nur fast!) abgekommene Sitten wie das Waschen in riesigen Marmortrögen am Rande der Ortschaften. Alte Villen; in Santa Maria in Stelle passiert man zwei der drei Villen der Familie Giusti …

Der Weg

In Santa Maria in Stelle (116 m) geht man links der Kirche auf die Straße mit dem Schild »Contrada Casai«, sie führt kurz asphaltiert, dann mit dem Schild »Contrada Maroni« als Erdsträßchen in vielen Kurven hinauf nach Maroni (300 m, 0.50 h) und einem Sattel im Bergrücken zwischen dem Valpantena und dem Val Squaranto. Bei den verlassenen Häusern von Maroni wendet man sich nach rechts, erreicht einen rot-weiß markierten Weg und wandert in etwa auf der Wasserscheide Richtung Süden. Wo bei La Campestre eine Gruppe von Gebäuden erreicht wird, beginnt ein Fahrweg, auf dem die Markierung weiterläuft. Wir gehen hier links und erreichen weglos über Wiesen die Kuppe des Monte Marseghina (373 m, 0.25 h/1.15 h) mit schöner Aussicht. Nun wieder südwestlich weglos hinunter bis zu einem Fahrweg, der auf einer Seite von schönen Zypressen, auf der anderen von einem Ölbaumhain flankiert wird. Er führt an einem Haus vorbei und erreicht den markierten Fahrweg, den wir bei La Campestre verlassen hatten. Nun nach links kurvenreich bergab bis zu einer Asphaltstraße, die nach Novaglia führt. Wir folgen ihr bis zur zweiten Linkskurve, dort verlassen wir sie und schlagen einen rechts abzweigenden Fahrweg ein, der zu einem Haus führt. Dort nehmen wir den mittleren von drei Wegen und erreichen bald den Weiler Gazzego mit seinen zwei eindrucksvollen Waschtrögen aus Marmor auf der rechten Seite (88 m, 0.50 h/2.05 h). Unterhalb des Ortes verläuft die Asphaltstraße nach S. Maria in Stelle, wir schlagen sie nach rechts ein und erreichen nach einer halben Stunde über Vendri unseren Ausgangsort (0.30 h/2.35 h).

Im Hafen von Torbole (Januar, 1993)

CAFFE
Casa Beust